Warum Schwaben ihren Wein selber trinken

Jürgen Kaiser

Warum Schwaben ihren Wein selber trinken

Streifzüge durch schwäbische Weinkeller

Edition Gemeindeblatt

Alle in diesem Buch erstellten Angaben, Daten, Ergebnisse etc. wurden vom Autor nach bestem Wissen erstellt und von ihm mit größtmöglicher Sorgfalt überprüft. Gleichwohl sind inhaltliche Fehler nicht vollständig auszuschließen. Daher erfolgen die Angaben etc. ohne jegliche Verpflichtung oder Garantie des Verlags oder des Autors. Beide schließen deshalb jegliche Verantwortung und Haftung für etwaige inhaltliche Unrichtigkeiten aus, es sei denn im Falle grober Fahrlässigkeit.

Bibliografische Information der Deutschen Bibliothek:
Die Deutsche Bibliothek verzeichnet diese Publikation in der Deutschen Nationalbibliografie; detaillierte bibliografische Daten sind im Internet über http://dnb.ddb.de abrufbar

Copyright © 2011, Verlag und Buchhandlung der Evangelischen Gesellschaft GmbH, Stuttgart. Edition Gemeindeblatt.
Augustenstr. 124, 70197 Stuttgart, Telefon 0711 60100 0, Fax 60 100 76
www.verlag-eva.de

Alle Rechte vorbehalten.

Typografie und Satz: Rudi Kern, Kirchheim / Teck
Umschlaggestaltung und Illustration: Uli Gleis, Tübingen
Druck: Druck- und Medienzentrum Gerlingen GmbH, Gerlingen

ISBN 978-3-920207-58-2

Inhalt

7 Vorwort

10 »Ohne d'r Wei' wär' elles nix ...«
Vom größten Vermögen des Landes

15 »Schwaben sind »helenga« reich!
Vom Umgang der Schwaben mit dem Reichtum

21 »Ond jetzt wird repetiert!«
Die rechte Hand des »Lehrer Deutschlands«,
Philipp Melanchthon

24 »Komm', drenk Wei, da bleibsch' g'sond ...«
Denn, vom Wasser wurde man krank.

29 »Wenn d'r Distelfink mit 'nem Zuckerle
Stäffele na'keit ...«
Alte schwäbische Weinnamen erzählen ihre Geschichte

41 »Zom Fenger a'schlecka!«
Schwabens berühmtester Weinberg

44 »Gega d' hochverpönte Verfelschong ...!«
Der jahrhundertelange Kampf gegen die Panscherei

47 »Bloss koin billiger Jakob!«
Labsal für die Seele der Pilger

50 »So en Semsakrebbsler«
Vom Wein, der einem die Schuhe auszieht.

53 »Mei WG baut Wei an ...«
Die Weingärtnergenossenschaften entstanden aus der Not

57 »So a Drucketse«
Die Schwaben und ihre Besenwirtschaften

62 »Es kommt halt auf d'r Johrgang a'«
Kommunikation mit sich selbst beim Wein

66 »Sorta gibt's viele, abr hoißed ieberall anders ...«
Wie sich die Württemberger Spezialitäten ausbildeten

70 »Do isch's voll! M'r ganget wieder«
Im schwäbischen Wirtshaus

75 »Da migg' i, weil do hot mei Vaddr' scho g'miggt ...«
Es geht aber auch anders mit den württembergischen Weinen

80 »Jetzt ka' i' nemma!«
Neues aus dem schwäbischen Weinberg

89 »En Schampus därfs au' mal sei ...«
Vom Prälatenhobby zur Weltmarke

94 »Wenn i' Moschd drenk, ben e' ganz bei mir selber..«
Der Schwabe und sein Most

98 Trinksprüche

101 Quellen

Vorwort

Der Wein erfreut des Menschen Herz!«, singt der Psalmist in Psalm 104,15 und er weiß, wovon er redet. Die Sprüchesammlung der Bibel weiß es auch: »Gebet den Wein den betrübten Seelen« (Spr. 31,6). Aber auch: »Der Wein macht lose Leute« (Spr. 20, 1). Der Prophet Hosea kennt sich ebenfalls aus: »Hurerei, Wein und Most machen toll!« Paulus kann dem nur zustimmen: »Saufet Euch nicht voll Wein!«, rät er seinen Ephesern. Die Männer der Bibel kannten sich aus.

Der Wein gehört zu Württemberg. Im Mittelalter war es das hiesige Exportgut schlechthin. So hat sich auch schon seit dem Mittelalter ein besonderes Verhältnis der Schwaben zu ihrem Wein ausgebildet. Davon handelt dieses Buch.

Die einzelnen Kapitel sind im Laufe der Letzen Jahre entstanden. Ihnen liegen Artikel und Vorträge zugrunde – gehalten bei geselligen Runden und Weinproben -, aber auch ernstere Artikel in verschiedenen Zeitschriften. Darin liegt die Erkenntnis, dass sich im württembergischen Wein viel von der Mentalität der Schwaben widerspiegelt. Der Württemberger Wein ist wie die Schwaben – »räß« und vollmundig, eröffnet sich erst nach einiger Zeit, lädt zum »Sinnieren« ein, zum Nachdenken über Gott und die Welt und darüber, was die Welt im Innersten zusammenhält. Kurz: Der hiesige Wein ist so wie die Schwaben »selber«. Genau dieser Spur folgen alle Kapitel.

Da bleiben Anspielungen und Wiederholungen nicht aus. Das Buch ist eben nicht in einem Zug entstanden. Das möge man beim Lesen bedenken. Rückmeldungen von Leserinnen und Leser meiner vorausgegangenen Bücher haben ergeben, dass sich die Bücher ohnehin nicht zum Durchlesen auf einen Zug eignen. Vielmehr ist jedes Kapitel immer für sich abgeschlossen – manche nehmen es als Nachtlektüre, jeden Abend

ein anderes Kapitel. Da kann man dann mit einem Schmunzeln über die Geschichten, aber auch über sich selbst, ruhig einschlafen. Möge der Tag noch so hart gewesen sein, mit einer Erkenntnis über die schwäbische Mentalität kann man beruhigt dem nächsten Tag und seinen Herausforderungen entgegensehen. »So isch's no au wieder!«

Danken möchte ich meiner Frau Christine, die auf ihrem Frühstückstisch die nächtens geschriebenen Artikel vorfand und sogleich korrigierte. Dank auch an meinen Freund Dieter Skubski, der als Weinkenner die Artikel kritisch begleitete und manchen Tipp beisteuerte. Ohne meinen ehemaligen Verleger Bernd Friedrich, der mich immer wieder zu diesem Buch ermutigte, wäre es nicht geschrieben worden und ohne seinen Nachfolger im Verlag, Frank Zeithammer, nie erschienen. Meine Lektorin Cornelia Fritsch hat es liebevoll überarbeitet und Uli Gleis genauso liebevoll illustriert. Ihnen gebührt ebenfalls mein Dank.

Möge es Ihnen, liebe Leserin und lieber Leser, von Nutzen sein, um nicht nur den württembergischen Wein, sondern zugleich auch die Schwaben besser zu verstehen.

Pfingsten 2011   *Jürgen Kaiser*

»Ohne d'r Wei' wär' elles nix ...«

[oːnə dɐ wai wɛr ələs nikz]

Vom größten Vermögen des Landes

»Auf! Im traubenschwersten Tale
stellt ein Fest des Bacchus an!
Besucher her und Opferschale!
Und des Gottes Bild voran!
Flöte mit Gesang verkünde gleich
des Tages letzten Rest,
mit dem Abendstern entzünde sich
auch unser Freudensfest!«

Eduard Mörike hat so die Stuttgarter Weinlagen besungen, er hätte so aber auch über das schwäbische Land von Rottenburg bis kurz vor Heidelberg singen können: Alles hing voller Reben – alles hing vom Weinbau ab.

Württemberg war noch bis zum Ende des 19. Jahrhunderts ein Agrarland – und damit von Wetter und Märkten abhängig. Kam es zu Naturkatastrophen oder auch längeren Friedenszeiten, gab es also wenig zu essen oder Bevölkerungswachstum, so wurde Württemberg sofort zum Auswandererland. Waren im 18. Jahrhundert noch Batschka und Banat, anschließend dann Bessarabien und die Krim die Ziele der Auswanderer, wurde es im 19. Jahrhundert Amerika.

Doch am Anfang war der Wein. Die Alemannen konnten mit den römischen Weinbergen und Städten zunächst wenig bis nichts anfangen und ließen sie verkommen. Nur da, wo es schon während der römischen Siedlung starke Vermischungen mit den alemannischen Eindringlingen gegeben hatte – wie etwa in Walheim –, war das anders. Die Völkerwanderung darf man sich nicht als einen plötzlichen Militäreinfall vorstellen. Die Alemannen sickerten über dreihundert Jahre in Schwaben ein. So lernten sie die römischen Gebräuche kennen – auch den Wein.

766 n. Chr. findet sich die erste urkundliche Erwähnung des Weinbaus im heutigen Württemberg. Dem Kloster Lorsch an der Bergstraße werden darin Weingärten aus Böckingen, Fran-

kenbach, Schluchtern und Biberach bei Heilbronn übereignet. Im Prinzip war das ein geschlossenes Gebiet um das ehemalige römische Kastell Böckingen. Das könnte ein Hinweis dafür sein, dass auch dort seit der Römerzeit Weinbau betrieben wurde. Die Cannstatter verweisen jedoch stolz auf eine Urkunde, die den Wein bereits 708 nachweist.

769 folgte dann Mühlacker an der Enz, 775 Eisesheim, 777 Esslingen und zwischen 926 und 948 dann Stuttgart. In dieser Zeit wurde nämlich der »Stuotgarten« angelegt. Am Hang entstand der erste Weinberg Stuttgarts, angelegt von der Stifterin Stuttgarts, Herzogin Reginlinde. Der Weinberg heißt heute noch so, wenn auch sprachlich abgeschliffen zu »Relenberg«. Offiziell wird der erste Stuttgarter Weinberg 1108 in den Büchern erwähnt. Sie berichten, dass ein Mönch namens Ulrich dem Kloster Blaubeuren Weinberge in Stuttgart überschrieb.

Die Klöster und ihre Besitzungen spielten beim Ausbau des Weinbaues eine große Rolle. Sie brauchten den Wein als Abendmahlswein und achteten deshalb schon früh auf Qualität. Insbesondere die Zisterzienser schufen hier Maßstäbe. Da die hiesigen Klöster (Hirsau, Maulbronn) regen Kontakt mit dem Mutterkloster in Burgund hielten, waren sie auch weintechnisch auf dem neuesten Stand.

So wurde überall im Lande Wein angebaut – auch an vielen Plätzen, wo kaum die Sonne hinfiel. Sie alle fielen der Reblauskatastrophe am Ende des 19. Jahrhunderts zum Opfer und wurden danach aufgegeben. Doch an Überresten von Weinbergmauern (heute Obstgärten und Wochenendhäuschen) kann man sie bis heute erkennen, auch an den alten Gewannnamen wie »Weinhalde«, »In den Weingärten«, »Am Wengert« etc.

Der Weinbau nahm so überhand, dass Herzog Christoph 1554 die weitere Ausdehnung der Weingärten im Lande verbot, um die Versorgung der Menschen mit Früchten, Brot, Vieh, Milch und Schmalz nicht zu gefährden.

Die Weinernte (der »Herbst«) wurde jedes Jahr von der Obrigkeit festgelegt. Alle Sorten wurden gleichzeitig geerntet, ganz gleich, welchen Reifegrad sie hatten. Die Wengerter waren Keltern zugeteilt (sogenannte »Bannkeltern«), damit die Menge – und damit auch die Steuerabgaben – kontrolliert werden konnte.

Je nach Jahrgang gab es mehr oder weniger Wein. 1386 soll es sogar mehr Wein als Wasser gegeben haben. 1484 gab es so viel Wein, dass man ihn beim Bau der Wände der Stuttgarter Stiftskirche verwendet haben soll. Es gab aber auch andere Jahre. 1237 hieß es: »Sommer kalt und regnerisch, wenig Wein.« 1283 dagegen: »Am 13. Mai erfroren beinahe alle Reben.« 1338 vernichteten Heuschrecken mitten im Sommer die Reben.

Neben Würzburg und Wien war Stuttgart im 16. Jahrhundert die größte Weinbaugemeinde in Deutschland. »Neckarwein – Schleckerwein!«, hieß es damals, und so wurde der Wein exportiert. Ulm war das Ziel, von wo aus er nach Bayern und Wien ging. Hier leisteten die Ulmer Schachteln auf der Donau ihren guten Dienst. Auf dem Rückweg brachten die Kaufleute dann Salz aus Reichenhall mit. Das württembergische Salz wurde erst zu Beginn des Königreiches entdeckt.

Kein Wunder, dass in Stuttgart das Bierbrauen 1663 verboten wurde. Die Leute hielten sich daran, der Geruch des Malzes hätte sie garantiert verraten und die Strafen waren streng. Erst 1709 wurde es wieder erlaubt, weil es zu wenig Wein gab. Aber schon ein paar Jahre darauf wurde das Bierbrauen im Herzogtum Württemberg wieder verboten – um des Weines willen. Denn der Wein gehört zu Württemberg. Deshalb ist der Wengerter auch besonders stolz, wenn es ein gutes Weinjahr ist. »Oiges G'wächs!«, heißt es dann voller Stolz. Wenn aber der Jahrgang nicht besonders geraten ist, kann man nur resigniert die Schultern zucken: »So hat's d'r Herrgott halt wachsa' lau'.«

»Schwaben sind »helenga« reich!

[ʃvaːbn zint hɛlɛnə raich]

Vom Umgang der Schwaben mit dem Reichtum

Eigentlich geht es ja um den Wein, genauer, um das rechte Verhältnis der Schwaben zu ihrem Wein. Aber das ist nur verständlich, wenn man einige Grundzüge der schwäbischen Mentalität kennt. Darum dieses Kapitel für zugereiste Nichtschwaben: Also für »Reig'schmeckte«, die dennoch die Schwaben in ihrem Innersten besser verstehen wollen. Das geht am besten bei einem Glas schwäbischen Weins – zusammen mit Schwaben getrunken.

Es ist noch gar nicht so lange her, da kauften die wohlhabenden Schwäbinnen ihren echten Schmuck und ihre Pelzmäntel in München. In Stuttgart hätte ja die Nachbarin sie beim Einkaufen sehen können. Zuhause kamen die kostbaren Stücke erst einmal in den Schrank und wurden nur bei besonderen Gelegenheiten hervorgeholt. Im Zweifelsfall waren das dann eben »Erbstücke«, die man natürlich nicht verkommen lässt. Im Gegensatz zu Hamburg, Düsseldorf und Frankfurt erkennt man einen wohlhabenden Schwaben nicht unbedingt an seiner Kleidung. In Stuttgart sehen alle irgendwie gleich aus.

Schwaben sind »helenga« reich. »Helenga« bedeutet aber nicht »heimlich«. Denn wenn man ihn für arm hielte, wäre er beleidigt. Aus dem dialektischen Umgang mit dem Begriff »helenga« ergibt sich ein tiefer Einblick in die schwäbisch-protestantische Seele. Das Wort »helenga« ist ein altes Wort aus der

Stauferzeit. Im Deutschen kommt es nur noch in der Wendung »Keinen Hehl daraus machen« vor. Also: Kein Geheimnis aus etwas machen. So steht »helenga« eben nicht für »heimlich«, sondern für »geheimnisvoll«. Zum Geheimnis gehört immer auch, dass man weiß, dass es ein Geheimnis gibt – wenn man es nicht schon kennt. Damit spielt dieses Wort und charakterisiert so die schwäbische Mentalität wie ein Schlüsselbegriff.

»Was vor Gott nicht zu Geld wird, taugt nichts!« Ein solcher Satz calvinistischer Christen lässt einen Schwaben erschauern. Denn heimlich würde er seinen reformierten Glaubensbrüdern Recht geben, traut sich das aber nicht. So »offen« darf man mit seinem Geld auch wieder nicht umgehen. Doch Puritaner sind sie beide, der eine nur eben »helenga«.

Schwaben hat keine natürlichen Reichtümer. Als die Industrialisierung mit Kohle und Erz begann, hackten die Schwaben ihr Filderkraut und bestellten die kleinen »Äckerle«. Denn in Schwaben galt – im Gegensatz zum sonstigen Deutschland – das Realteilrecht beim Erben. Alle Kinder bekamen den gleichen Teil – die Mädchen wie die Jungen. Während woanders immer nur der älteste oder der jüngste Sohn alles erbte und die anderen Kinder als Knechte und Mägde bei ihm arbeiten durften, wurde in Schwaben alles »real« geteilt. Eine fürchterliche Zerstückelung des Landes, und damit des Ertrages, war die Folge. Da blieb oft nur die Auswanderung und so zog Generation um Generation die Donau entlang – in die Batschka, nach Russland oder später nach Amerika. Wer heutzutage locker von »Wirtschaftsflüchtlingen« spricht, wenn er die Flüchtlinge in Deutschland meint, sollte seine Zunge hüten. Seine ausgewanderten Vorfahren waren ebenfalls genau das.

Der Rest musste sich im Ländle, das nicht viel hergab, einrichten. Bildung genoss man, selbst wenn man arm war. Der württembergische Reformator Johannes Brenz hatte die allgemeine Volksschule durchgesetzt – auch für Mädchen. Der Pietismus lieferte die passende Religion. Hier war Armut eine Zierde und das irdische Elend nur eine Zwischenstufe auf dem Weg zum himmlischen Jerusalem. »Hindurch, hindurch durchs irdisch' Jammertal«, wurde voll Inbrunst in Gottesdienst und »Stunde« gesungen. Den Bedürfnissen des Leibes galt es abzuschwören, Armut war ein Zeichen der Erwähltheit – den Kindern Israels ging es auf dem Zug durch die Wüste Sinai ja auch nicht besser. Überwacht wurde dies von einer zentralistisch organisierten Kirche und ihren örtlichen Kirchenkonventen, welche die Kirchenzucht ausübten. Der Kirchenkonvent überwachte sogar die Einhaltung der Kehrwoche.

Da blieb für die, welche nicht auswanderten, nur der Weg in die Innerlichkeit. So entstanden die Grübler und Tüftler, Philosophen und Gottessucher. Als in der zweiten Welle der Indus-

trialisierung in Deutschland die Wasserkraft als Energiequelle entdeckt wurde, kamen die Schwaben zu ihren Patenten. Als die Energie dann genutzt werden konnte, war die Stunde der Feinmechaniker gekommen.

Viele wurden wohlhabend, manche reich. Aber das konnten sie nicht zugeben oder zeigen. Für ein ausschweifendes Leben fehlte nach Jahrhunderten protestantisch-puritanisch-pietistischer Prägung die innere Einstellung. Also konnte das gewonnene Kapital nicht verjubelt werden. Es wurde wieder in den Betrieb und in neue Erfindungen gesteckt, und der alte Anzug wurde noch ein paar Jahre getragen. Diese Mentalität wirkt bis heute. Viele gestandene Unternehmer haben noch immer ihr »Stückle«, schneiden ihre Bäume selber, mosten das Obst und zupfen Träuble – obwohl das betriebswirtschaftlich reiner Unsinn ist.

Ein Schwabe arbeitet auch nicht – er »schafft«. Das verbindet ihn mit seinem Schöpfer. Der hat ja bei der Erschaffung der Welt auch nicht gearbeitet, sondern »erschaffen«. Ihm strebt der Schwabe nach. Deshalb geht er auch ins »G'schäfft«. »Emmer viel G'schäfft« ist daher auch ein Ausdruck dafür, dass es einem gut geht. »Die sieht aber arg abgschafft aus!« ist das höchste Lob für eine umtriebige Schwäbin.

Nirgends in Deutschland wurden so viele Genossenschaften gegründet wie in Schwaben. Die Bausparkasse ist eine schwäbische Erfindung. Als Deutschlands ältestes Sparbuch gesucht wurde, fand es sich in Schwaben (eingerichtet 1835). Das Spendenaufkommen in Schwaben ist überdurchschnittlich hoch. Die meisten evangelikal- missionarischen Werke in Deutschland bekommen den Löwenanteil ihrer Spenden aus Schwaben. Das ist kein Zufall.

Die deutschen Stammesschwestern und -brüder machen sich gern über die Schwaben lustig. Als »vertriebene Schotten« werden sie bezeichnet, wegen ihres Geizes. Dabei kann man nur bei

den Reichen lernen, wie man spart – so der Volksmund. Der Schwabe wird gern als »Hanswurst« auf den Komödienbühnen dargestellt, als Geizhals und Eigenbrötler. Stimmt alles, aber auch wieder nicht. Das ist das Dialektische in Schwaben. Als der Kirchentag nach Stuttgart kam, wurde ein Rekord aufgestellt: Noch nie in der Geschichte des Kirchentages fanden sich so schnell so viele Gastgeber, die bereit waren, wildfremden Menschen ein Bett zur Verfügung zu stellen. Als der Kirchentag in

Stuttgart war, überschlugen sich die Schwaben beinahe vor lauter Gastfreundschaft. Doch Vorurteile sind zäh.

Indem die Schwaben ein »-le« an ein Wort hängen, machen sie es kleiner, niedlicher, angenehmer, sympathischer. »Spätzle«, »Schätzle«, »Autole«, »Mäule« – alles wird weicher. Alles? Fast alles! Bei zwei Wörtern gibt es keine schwäbischen Kompromisse und Verweichlichungen, da kennt der Schwabe keinen Spaß. »Gott« und »Geld« gibt es nicht in der »le-Form«. Das sagt alles.

So ist es auch mit dem Wein. Lange Zeit galt der Württemberger außerhalb der Landesgrenzen nichts. Der Trollinger wurde und wird verlacht – als hellrote leichte Plörre. Mittlerweile ist er aber sogar in angesagten Treffpunkten der Jugend in Berlin und Hamburg »angesagt« – als Aperitif, kalt und mit Eiswürfeln getrunken. Da schaudert es den Schwaben. Und die Kellermeister aus dem Ländle machen Cuvées, die bei Blindproben international punkten können und manchen hochtrabenden internationalen Namen locker schlagen. Da sind wir dann wieder »helenga« stolz.

»Ond jetzt wird repetiert!«

[ond jɛtst virt repetiːrd]

Die rechte Hand des »Lehrer Deutschlands«, Philipp Melanchthon

Philipp Melanchthon war die ausgleichende, ja, fast schon ökumenische Seite der Reformation. Die brachte nicht nur einen Martin Luther hervor, sondern auch viele Schüler von ihm, die ihn in Derbheit zwar überboten, ihm aber intellektuell nicht das Wasser reichen konnten. Die sogenannten Gnesio

Lutheraner (die ursprünglichen Lutheraner) ließen den Befreiungsdrang der ersten Reformatoren verkümmern und schufen die lutherische Orthodoxie. Davon gab es auch in Württemberg genug, so dass sich das Ländle den Ruf eines »lutherischen Spaniens« erwarb. Aber es waren nicht alle so: Philipp Melanchthon etwa, der sich deshalb den Spitznamen »Crypto-Catholic« anhören musste (heimlicher Katholik) und seine Schüler auch nicht. Einer davon ist nahezu unbekannt geblieben: Johannes Koch aus Ilsfeld. 1518 war er als Student nach Wittenberg gekommen. Melanchthon bemerkte seine Gaben und nahm ihn 1519 in sein Haus als Famulus auf. Koch war bescheiden, fleißig und treu. Ein Musterexemplar eines Schwaben eben.

Auf Drängen Luthers hatte Melanchthon geheiratet. Aber weder er noch seine Frau konnten mit Geld umgehen. Frau Melanchthon jedoch konnte standesgemäß auftreten. Das tat sie auch, was Luthers Frau Katharina von Bora nicht gefiel. Eine lebenslängliche gegenseitige Abneigung der beiden Frauen war die Folge. Auch die Frauen der anderen Reformatoren leisteten sich so manchen Zickenkrieg – was Katholisch-Zölibatäre immer wieder händereibend weitererzählten.

Famulus Johannes Koch aus Ilsfeld hatte alle Hände voll zu tun. Nicht nur führte er seinem Professor die Bibliothek, las Bücher für ihn und trug sie in Kurzform vor, schrieb und beantwortete Briefe, sondern bereitete auch dessen Vorlesungen vor und hielt seine Seminare ab. Und, er wendete einen der pädagogischen Grundsätze seines Meisters an: Repetitio est mater studiorum – Wiederholung ist die Mutter des Lernens. Bei Koch wurde viel wiederholt – also repetiert.

Im Hause Melanchthon führte er bald die Finanzen. So war er Speisemeister, stellte den Küchenplan zusammen, beaufsichtigte das Gesinde, schaute nach den Gästen, trieb das Kostgeld der Studenten ein und las noch die 700 bis 800 gedruckten

Schriften seines Herrn Korrektur. Ach ja, den Kontakt zu den Druckereien hielt er auch noch.

Wittenberg war bald mit Studenten überfüllt. Martin Luther und Philipp Melanchthon wirkten wie Magneten. Die Universität konnte niemanden mehr aufnehmen. So gründete Melanchthon eine Privatschule. Neben dem Unterricht wurde auch für das leibliche Wohl der Studenten gesorgt. Natürlich leitete Johannes Koch die Schule und organisierte Unterkunft und Mensa.

Bis zu seinem Tod 1558 blieb er seinem Professor treu zu Diensten. Dieser starb zwei Jahre nach ihm.

Johannes Koch hielt Kontakt mit seiner Heimatstadt. So kam auch immer wieder Ilsfelder Wein auf den Tisch des Reformators. Der heimatliche Gruß dürfte den beiden geschmeckt und die Reformation befeuert haben.

Württembergischer Wein auf dem Tisch des Badener Reformators in Wittenberg. »Ha no, so isch's no au wieder.«

»Komm', drenk Wei, da bleibsch' g'sond ...«

[kom drɛng wai, da blaibʃ gsunt]

Denn, vom Wasser wurde man krank.

In Rottenburg am Neckar kehrten im Kaiserreich moderne Zeiten ein. Die Straßenzüge wurden aufgegraben, denn man begann eine moderne Kanalisation zu verlegen. Auch wenn im 19. Jahrhundert die Städte immer größer wurden, eine Kanalisation gab es noch nicht. Die Aborte der Häuser wurden in Sickergruben entleert, die natürlich nie dicht waren – so war das Grundwasser in der Regel immer verseucht. In Schwaben gab es oft noch vor jedem Haus eine Miste. Und mancher leerte seinen »Botschamber« – also den Nachttopf (von franz. »bot de chambre«) einfach in einem unbeobachteten Moment auf die Straße aus. Die Rottenburger jedenfalls wollten nun in der Moderne ankommen – und gruben zu ihrer Verblüffung Bleirohre und ausgehöhlte Baumstämme aus dem Boden aus. Nach genauen Untersuchungen wurde es zur Gewissheit: Die Römer waren ihnen fast 2000 Jahre zuvorgekommen. Die Rottenburger hatten das alte Trinkwasser- und Kanalisationssystem der Römer entdeckt.

Wasser ist ein Grundnahrungsmittel. Das war schon immer so. Allerdings machen wir uns heute keine Vorstellung mehr davon, wie früher das Trinkwasser aussah, schmeckte und roch. Mit unserem heutigen Trinkwasser war das nicht vergleichbar. So schrieb Oscar Fraas 1873 in seinem Bericht an den König von Württemberg: »Wehe dem Fremden, den in einem der primitiven Albdörfer, wo die Strohdächer überwiegen und man rein auf Regenwasser angewiesen ist, ein Bedürfnis anwandelt nach einem Glase Wasser … Strohgelb bis Kaffeebraun hat sich das Wasser gefärbt, das von den Strohdächern niederrinnt, nur wer von Jugend auf an den Anblick dieses Wassers sich gewöhnt hat, vermag ohne Abscheu das Glas an die Lippen zu setzen.« So dürfte das Wasser in Württemberg überall ausgesehen haben.

So tranken die Schwaben Most, und als im 19. Jahrhundert ein gewisser bürgerlicher Wohlstand aufkam, eben täglich Wein. Ja, der tägliche Tischwein wurde auch im Evangelischen Stift zu Tübingen kredenzt. Dem Tübinger Brunnenwasser war im Sommer ebenfalls nicht zu trauen. Pfarrer erhielten Deputatswein vom Herzog als Teil ihrer Besoldung. Vom jungen Pfarrer Flattich aus der sehr armen (und deshalb auch nur einen geringen Betrag als Gehalt abwerfenden) Gemeinde Metternzimmern wird berichtet, dass er seine junge Familie habe nur ernähren können, indem er mit seinem Deputatswein einen kleinen Weinhandel betrieb.

In schlechten Weinjahren gab es deshalb auch nur schlechten Wein als Pfarrergehalt. 1602 war der Weinjahrgang so schlecht, dass die Stuttgarter Pfarrer schriftlich bei Herzog Friedrich da-

gegen protestierten. Da sie jedoch in ihren Predigten die schlechte Weinernte mit den vielen Sünden ihrer Schäfchen in Verbindung brachten, lehnte der Herzog das Gesuch ab. Außerdem wäre es ihm zu teuer geworden. Seine eigene handschriftliche Anmerkung ist bis heute überliefert: »mitgesündigt, mitgebüßt.«

Das Trinkwasser wurde erst besser, als man Ausgang des 19. Jahrhunderts anfing, eigene Trinkwasserversorgungen aufzubauen. Auch hier war Schwaben führend. 1866 hatte der schwäbische Ingenieur Karl Ehmann dem König die ersten Pläne vorgelegt. Der König war dafür, die Gemeinden erst einmal dagegen – es war ihnen zu teuer. Der Durchbruch kam 1869 mit der ersten »Albgruppe« bei Schelklingen. Das zeigte Wirkung, und so ging es dann Schlag auf Schlag mit dem Ausbau. Wer heute von Bad Urach zur Albhochfläche hinaufwandert, kann entlang der Erms immer noch die alten, gemauerten Pumpstationen sehen. Das war frühe Ingenieurskunst in hoher Vollendung.

Aus einem Dorf auf der Albhochfläche wird berichtet, dass es zu klein und deshalb zu arm war, um an die königliche Wasserversorgung angeschlossen zu werden. Sie mussten ihr Wasser weiterhin als Regenwasser in den »Hülen« (mit Lehm ausgemauerte Zisternen) sammeln bzw. mit dem Ochsengespann im Fass von der Ermsquelle unten im Tal mühsam »d'Steig« hochkarren.

Für dieses Wasser galt bis ins 20. Jahrhundert, was bereits die Oberamtsbeschreibung Münsingen 1825 über das Hülenwasser feststellt: »Sie haben gemeiniglich ein sehr unreines, stinkendes und ekelhaftes Wasser, und sehen wie große Mistlachen aus, weil aller Unrath darein fließt ...«

Die erwähnten Dorfbewohner hatten genug davon. Also bildeten die Honorationen eine Delegation nach Stuttgart, die sogar zum König vorgelassen wurde. Ein schöner Dialog ist überliefert:

»Ihr wollt also eine Wasserleitung. Ist denn Euer gesammeltes Wasser so schlecht?«

»Jo, Majeschded, da schwemmet viele Dierle dren rom und stenka duats au!«

»Ja kann man denn das wirklich nicht mehr trinken?«

»Majeschded, mir trenkats scho no, aber s'Vieh saufts nemma!«

Sie bekamen ihren Anschluss an die Wasserleitung.

Das kalkhaltige Wasser hatte jedoch auch einen Nachteil. Es enthielt kein Jod. So gehörte der »Kropf« bei den Menschen zur Grundausstattung im Alter. Die Schwaben und ihre »Kröpf«

wurden in Deutschland berühmt. Dass hinter dieser Schilddrüsenerkrankung Jodmangel steckt, entdeckte man erst im 20. Jahrhundert. Den Norddeutschen mit ihrem Meeresfischkonsum war diese Mangelerkrankung fremd, denn Meeresfisch enthält Jod.

So wurde Wein zum Grundnahrungsmittel. Der Wein, der damals getrunken wurde, hatte rund 7 Prozent Alkohol, war also viel schwächer als heutiger Wein.

Mancher Wirt half dem noch zusätzlich nach.

So trat in einem Gasthaus die kleine Tochter des Wirtes an einen Gast heran, der sich Wasser und Wein bestellt hatte und diese miteinander vermischte.

»Worum machet Sia des?«

»Weil mir der Wein zu stark ist. Darum verdünne ich ihn lieber.«

»Des brauchet se nedd! Des hat mei Vadder em Keller scho g'macht!«

»Wenn d'r Distelfink mit 'nem Zuckerle Stäffele na'keit ...«

[vɛn dɐ diʃdfink mit nəm tsʊkɐlə ʃtɛfɛlə naːkait]

Alte schwäbische Weinnamen erzählen ihre Geschichte

»Na'keia« – da fällt etwas hinunter, im schlimmsten Fall der Weinfreund die Kellertreppe. Mit den entsprechenden Folgen. Württembergische Weine haben nicht nur ihre Besonderheiten, sondern auch ihre Namen. Im Zuge der letzten Weingesetze sind daraus entweder Lagebezeichnungen geworden oder sie prangen auf manchem Etikett als Zusatz. Für Eingeweihte erzählen sie immer eine besondere Geschichte.

Die Niedernhaller Weingärtner der Kochertalkellerei haben sich ihren Spitznamen »Distelfinken« zu Herzen genommen und nennen so bestimmte Weine aus ihrem Keller. Der Spitznamen geht auf einen Schildbürgerstrich zurück.

Einst gab es einen Bürgermeister – einen »Schultes« –, der sich so einen Vogel in seinem Zimmer hielt. Sozusagen wie einen Papagei. Der war so zahm, dass er sogar in der Stube frei fliegen durfte. Im Frühjahr wurde das Haus gelüftet, die Fenster waren auf und der Distelfink weg. Als der Schultes davon erfuhr, ließ er sofort die Stadttore schließen – mitten am Tag. Das dauerte aber eine Weile, weil die Stadttore mit zwei Schlüsseln abzuschließen waren. Niedernhall stand im Mittelalter unter Mainzer und Hohenloher Oberaufsicht – daher die zwei Schlüssel. Die Tore waren endlich zu, der Distelfink wurde im-

mer noch in der Stadt gesehen. Aber dann flog er einfach übers Tor und ward nicht mehr gesehen. Der Distelfink war weg, die Behörden sehr beschäftigt, die Bürger hatten sich einiges zu erzählen, der Bürgermeister war blamiert und die umliegenden Dörfer erzählten sich die Geschichte mit großem Vergnügen – und das über Generationen hinweg. Die Niedernhaller hatten nun ihren Spitznamen weg, gewöhnten sich daran und erzählten selber die Geschichte weiter. So kam der Vogel auf die Weinetiketten – bis heute.

Einen eigenen Spitznamen bekamen auch die Ingelfinger. Sie wurden »Kasimirlich« genannt. Weil sie dann irgendwann stolz auf ihren Spitznamen waren, nannten sie ihre Weine danach: »Kasimirle.« So bezeichnet ihre Kellerei Kochertal noch heute ihren Müller-Thurgau. Alles geht zurück auf den Grafen Ludwig Casimir (1517–1568). Dieser Renaissance-Mensch führte in Hohenlohe die Reformation ein, baute das Schulwesen auf und organisierte die Armenfürsorge. Das waren die drei Pfeiler der reformatorischen Bewegung. Seine Herrschaft war so beliebt, dass viele Familien ihren Erstgeborenen ihm zu Ehren Kasimir nannten. So erzählt es die Legende. Die Kellerei nennt stolz einen Wein nach ihm.

Allerdings haben sie auch ein dunkles Geheimnis. Die Kellerei bewahrt es mit den Bezeichnungen »Dunkelgraf« und »Dunkelgräfin«. An der Schlossapotheke in Ingelfingen findet sich eine Tafel, die darüber informiert, dass hier von 1803 bis 1804 Prinzessin Marie Therese Charlotte wohnte, die Tochter König Ludwigs XVI. und seiner Gemahlin Marie Antoinette.

Marie Antoinette? Die Habsburgerin endete zusammen mit ihrem Gemahl unter der Guillotine der Französischen Revolution. Alles ging los, als ihr berichtet wurde, dass das Volk kein Brot mehr zum Essen habe. »Dann sollen sie doch Kuchen essen!«, war ihre historisch überlieferte Antwort. Das wird seit Jahrhunderten als Zeichen der Arroganz des französischen Königshauses ausgelegt. Historiker sind allerdings der Ansicht, dass sie eher dem Umstand geschuldet war, dass man im Schloss zu Versailles, in dem es jeden Tag mindestens ein Fest und daher immer genug zu essen gab, keine Ahnung mehr hatte, wie es dem einfachen Volk wirklich ging. Also eher ein Ausdruck von Naivität. Oder ein Ausdruck dafür, dass man im Zentrum der Macht unter einer Käseglocke lebte und keinen Bezug mehr zur Wirklichkeit hatte. Ein Zustand also, wie er auch heute noch in Machtzentralen anzutreffen ist – egal ob in Wirtschaftsunternehmen oder Regierungen.

Jedenfalls reiste eine vornehme, verschleierte Dame 1803 in Ingelfingen an, begleitet von einem Kavalier und einem Diener, und bezog Quartier in der Apotheke. Öffentlich trat das Paar nie auf, was zu zahlreichen Gesprächen im Städtchen führte. Ihre Herkunft blieb im Dunkeln. Beide verließen das Haus immer nur durch den hinteren Garten, bekamen viel Post und Kuriere kamen zahlreich vorbei.

Nur einmal bekam der kleine Sohn des Apothekers die Dame unverschleiert im Garten zu sehen. Als er später einmal in einer Galerie der Hohenloher ein Porträt der französischen Königstochter Marie Therese Charlotte sah, rief er aus: »Des isch doch meine Gräfin!« Dass passt zusammen mit der Beobachtung der Magd. Sie hatte zwar die Gräfin nie gesehen, besorgte ihr aber die Wäsche. Auf der waren drei Lilien eingestickt, das Wappen der Bourbonen. Das Paar verschwand 1804 genauso unauffällig, wie es gekommen war. Das Geheimnis jedoch blieb.

Nun, was kann es besseres geben als neuen Weinkreationen der Kellerei den Spitznamen der beiden zu geben: »Dunkelgraf« und »Dunkelgräfin«. So nannten sie die Bewohner der kleinen Residenzstadt hinter vorgehaltener Hand.

Da wir schon in Hohenlohe sind: Hier gibt es noch das Fürstenfass. Es ist das drittgrößte in Württemberg – 1752 wurde es gefertigt und fasst 65 000 Liter Wein (das Ludwigsburger Fass wurde 1719 gebaut und fasst 90 000 Liter, das Fass in Tübingen entstand 1546 und fasst 75 000 Liter).

Die Fürsten bauten einst solche Fässer zu Demonstrationszwecken. In ihnen wurde der Deputationswein (Wein, der anstelle von Gehalt den Beamten ausgegeben wurde) eingelagert – das war der Schiller. Dieser Wein wurde nicht nach dem Dichter benannt, sondern weil er im Glas »schillert«. Kein Wunder, herrschte doch früher noch der gemischte Besatz im Weinberg. Weil die Weinlese von der Obrigkeit festgesetzt wurde – ohne Rücksicht auf die Entwicklung der einzelnen Sorten –, waren die Weingärten gemischt angepflanzt. Da man ja nie wusste, wie ein Jahr wettermäßig ausfallen würde, man aber immer eine bestimmte Höchstmenge zu erzeugen hatte, ging man auf Nummer sicher und baute alles kreuz und quer an – weiß wie rot. Alles wurde dann zusammen geerntet, und davon mussten dann die Keltern der Obrigkeit das Deputat abgeben.

Qualitätsentwicklung sieht natürlich anders aus, aber durch die Zwangsabgaben – sozusagen die Steuer – scherte das die Weingärtner nicht. Bei ihnen ging es oft genug ums reine Überleben.

Dieser Schiller kam ins Fürstenfass, wurde dort ausgebaut und wieder als Deputatswein ausgegeben (Pfarrer und Beamte bekamen ihn als Teil ihrer Besoldung zugeteilt.)

Das Hohenloher Fürstenfass kann man besichtigen im Keller der Hohenloher Weinkellerei in Pfedelbach. Die Kellerei nennt heute mit Stolz einen Riesling und einen Trollinger bei diesem Ehrennamen.

Die Heilbronner sind stolz auf ihre Kirche St. Kilian. Schließlich dürfte es die einzige Kirche Deutschlands sein, auf deren Turmspitze weder Kreuz noch Gockel zu sehen ist, sondern ein mittelalterlicher Landsknecht. Geweiht ist die Kirche nach dem Heiligen der Franken, eben St. Kilian, der einst als iro-schottischer Mönch in Würzburg und Umgebung die Einsamkeit suchte und schon zu Lebzeiten verehrt wurde. Da er in Ausübung der christlichen Mission ermordet wurde, war sein Weg zum Heiligen vorgezeichnet. Er soll den Weinbau nach Franken mitgebracht haben, jedenfalls wurde er unter den Franken auch als Schutzpatron der Winzer verehrt. So liegt es auf der Hand, dass die Heilbronner Genossenschaft ihre Spitzen-Cuvées einfach »St. Kilian« nennt.

Was den Heilbronnern ihr Kilian, ist den Remstälern ihr Gaispeter. Der war allerdings kein Heiliger, sondern nach der Gesetzgebung des Herzogs Ulrich genau das Gegenteil. Nicht jedoch für die Menschen.

Der Gaispeter stammte aus Beutelsbach. Damals war gerade die Zeit, in der die Menschen zu ihren Vornamen so langsam Nachnamen annahmen. Anders konnte man z. B. die vielen Peter- aus Beutelsbach nämlich nicht mehr unterscheiden. Unser Peter aus Beutelsbach war so arm, dass er nur eine Ziege hatte –

also eine »Gais«. So wurde er zum Peter Gais, oder einfacher: Gaispeter.

Er war ein begeisternder Redner und ein großes Schlitzohr: also ein Entertainer. Als Herzog Ulrich im ganzen Land neue Gewichte einführen ließ, waren diese leichter als die alten. Ergebnis: eine indirekte Steuererhöhung. Am 15. April 1514 rief der Gaispeter zu einem Gottesgericht auf und zog mit großem Volk an die Rems hinunter. Wenn der Herzog Recht habe, dann sollten die neuen Gewichte oben schwimmen. Sollte der gemeine Mann Recht haben, sollten die Gewichte untergehen. Natürlich gingen die Gewichte unter, und die Menschen erzählten von diesem Gottesurteil im ganzen Land.

Der Herzog konnte nicht darüber lachen und versuchte, den Gaispeter festnehmen zu lassen. Der entzog sich durch Flucht, sammelte eine Mannschaft von Gleichgesinnten um sich und zog durch die Lande. Die Flucht wurde zur Bewegung. Weil die armen Leute im Herzogtum des Herzog Ulrichs sich keinen Rat mehr wussten – »koin Rat« – nannten sie sich »Armer Konrad«. Überall fanden sie Unterstützer, die sie versteckten und verpflegten. Da dies wochenlang so ging, war der Herzog ziemlich blamiert. Dies nützte die damalige politische Opposition aus – die sogenannte Landschaft (das war der damalige

Landtag), getragen von den einflussreichsten Familien des Landes, der sogenannten Ehrbarkeit). Mit ihr schloss der Herzog schließlich den »Tübinger Vertrag«, gewissermaßen die erste Verfassung des Landes Württemberg. Um deren Inhalt ging es, wenn sich in den folgenden Jahrhunderten, bei den Auseinandersetzungen zwischen Landschaft und Herzog, alles um »das gute alte Recht« drehte – eine Formulierung, die sich in der württembergischen Geschichte immer wieder findet. Dies nützte den armen Leuten allerdings auch nichts. Nach wenigen Wochen wurde der Gaispeter gefangen, verurteilt und hingerichtet. Die Idee des »Armen Konrads« lebte jedoch weiter und 10 Jahre später ließ der darauf aufbauende »Bundschuh« im Bauernkrieg die Mächtigen erzittern. Die Remstalkellerei erinnert mit ihrem Schillerwein jedes Jahr aufs Neue an den Gaispeter.

Nicht weit von Beutelsbach entfernt liegt Strümpfelbach. Hier füllt die Privatkellerei Mayer einen Trollinger unter dem Namen »Gretle« ab und hält so die Erinnerung wach an das schönste Mädchen des Dorfes im 19. Jahrhundert. So wird jedenfalls erzählt – und das verschmitzte Grinsen beim Erzähler lässt vermuten, dass hier mal wieder die Legende schöner ist als die historische Wahrheit. Für ein tolles Marketing taugt die Geschichte jedenfalls immer. Margarethe, genannt Gretle, diente im Gasthaus Hirsch in der 30er Jahren des 19. Jahrhunderts. Sie »ging« mit Friedrich Kögele aus Schnait. Eines Tages saßen Leutnants im Gasthaus und das bildhübsche Gretle war natürlich besonders begehrt. Besonders ein Leutnant aus Stuttgart machte ihr den Hof. Frieder sah dieses mit wachsendem Zorn, schlug den Offizier nieder und floh dann anschließend. Das brachte ihm acht Jahre Gefängnis ein. Das Gretle aber pflegte ihren Leutnant und ging mit ihm nach Stuttgart. 1842 erließ König Wilhelm I. anlässlich seines 25-jährigen Regierungsjubiläums eine Amnestie und Frieder kam frei, kehrte kurz nach

Strümpfelbach zurück und hatte vor, nach Amerika auszuwandern. Das Gretle hörte in Stuttgart davon, kehrte ebenfalls nach Strümpfelbach zu ihrem Frieder heim und dort wurde Hochzeit gehalten. Bei so viel Herzeleid kann man nur noch Trollinger trinken.

Wenn wir schon im Remstal sind: Da gibt es noch einen Dritten auf den Weinetiketten. Den Pfeffer von Stetten. Johann David Pfeffer (1769-1842) war ein Spielmann, also einer, den man heute einen Alleinunterhalter nennen würde. Mit seiner Violine zog er von Hochzeit zu Hochzeit, von Fest zu Fest. Er war ein baumlanger Kerl (fast zwei Meter groß) mit besonders losem Mundwerk, was ihn immer wieder in Konflikt mit dem Stettener Pfarrer brachte. Das Stettener Heimatbuch vermerkt über ihn, dass »manche seiner Schwänke und Sprüche nur für Herrengesellschaften und Soldaten« geeignet seien. Ein Possen- und Zotenreißer also. Die Stettener sind trotzdem stolz auf ihn, Schriftsteller und Heimatdichter haben sich seiner angenommen und in seinem Namen viel erfunden. Überliefert ist aber eine Äußerung, die er einem angeberischen Fremden gegenüber tat, der auf die Fruchtbarkeit seines Heimatbodens sehr überheblich stolz war: »Sell ischt no lang nex, bei ons in Stetta wachst der Pfeffer sechs Schuah hauch!« Karl Haidle, weit über Württemberg hinaus wegen seiner Weine bekannt, hat ihm einen besonderen Riesling gewidmet.

In Winnenden gibt es einen Mops, den kann man trinken. In Winnenden geht das, denn der Weingärtner Konrad Häusser baut einen Trollinger aus, den er nach dem berühmtesten Hund Winnendens benannte. Das ist ein Mops. Der Mops von Winnenden.

Der Mops gehörte Herzog Karl Alexander (1684-1737). Der war nicht für die württembergische Thronfolge vorgesehen und so verbrachte er seine Zeit als Feldmarschall an der Seite von Prinz Eugen in den Feldzügen gegen die Türken und schließlich

als Statthalter der Habsburger in Belgrad.

Karl Alexander war ein moderner Herrscher. Das heißt, er setzte auf Effizienz, zentrale Verwaltung, klare Hierarchien und marktwirtschaftliches Handeln (nach den Gesetzen der damaligen Zeit). Das machte ihn sofort unbeliebt, denn die protestantische Landschaft dachte völlig anders. Außerdem war er noch katholisch. Da konnte man leicht Widerstand organisieren. Zumal er Joseph Süß Oppenheimer als seinen Finanzminister einsetzte. Der war sehr erfolgreich. Als der Herzog plötzlich an einem Lungenödem starb, war Joseph Süß schließlich dran. Seine Hinrichtung in Stuttgart ist ein Musterbeispiel frühen Antisemitismuses. Kein Wunder, dass die Nazis diese Geschichte mit dem Regisseur Veit Harlan zu einem Propagandafilm namens Jud Süß ausarbeiteten. Ein Film, der bis heute verboten ist. Pure antisemitische Propaganda. Der Mops jedenfalls war auf allen Kriegszügen seines Herrn mit dabei. In der Schlacht von Belgrad ging er verloren. Er irrte über das Schlachtfeld, konnte seinen Herrn jedoch nicht finden. Da beschloss er, heimzugehen. Nach elf Tagen kam er in Winnenden im Schlosshof an – entkräftet, verlaust, erschöpft, aber daheim. Die Zeitgenossen haben ihm ein Denkmal gesetzt. Es steht heute noch. Und heute noch erinnert der Trollinger von Konrad Häusser an die Treue dieses Hundes.

Eine absolute Besonderheit ist der Untertürkheimer »Gips«. Gips ist eigentlich reiner Kalk. Der wird abgebaut, gebrannt und wieder mit Wasser versetzt – zum Gipsen. Damit wurden früher die Stuben und Ställe ausgegipst. Auch die heutigen Rigips-Platten bestehen, zwischen zwei Kartons, aus diesem Stoff. In Untertürkheim und Fellbach bezeichnet er allerdings eine besondere Wein-Einzellage. Denn dort wurde 1870 in zwei Meter Tiefe eine reine Gipsschicht entdeckt, die über und unter Tage abgebaut wurde. So wurde ein richtiger Steinbruch angelegt und ausgebaut – bis in die 80er Jahre. Dann war die Produktion unrentabel und der Wengerter Gerhard Aldinger kaufte den Steinbruch und baute ihn zu einem Weinberg um. Das war die Geburtsstunde des Untertürkheimer »Gips«. Knochentrocken wird der Wein ausgebaut. Keine Süßreserve kommt hinzu. Wegen des Gipses müssen die Reben sehr tief wurzeln und mühsam Mineralien aufnehmen. Das gibt dem Wein eine besondere Note. Natürlicher geht es nicht mehr.

1491 fand man den Esslinger Bürger Amandus Marchthaler ermordet auf der Straße nach Stuttgart liegen. Sein Mörder wurde zunächst nicht gefunden.

Zwei Jahre später blitzte am Ringfinger des Esslinger Postreiters Michael Banhard ein kostbarer Ring auf. Er saß im Wirtshaus und erzählte, dass er den Ring auf seinem Ritt nach Stuttgart gefunden habe. Wenig später wurde er angezeigt, verhaftet und des Mordes beschuldigt. Unter den Qualen der Folter gab er schließlich zu, den Marchthaler ermordet zu haben. Er wurde zum Tode durch Enthaupten verurteilt. Sein letzter Wunsch war, auf seinem Schimmel zur Richtstätte zu reiten und dabei sein Posthorn zu blasen. Kurz vor seiner Hinrichtung erklärte er, jedes Jahr in der Michaelsnacht vor dem Haus des Richters zu erscheinen und sein Horn zu blasen.

So erschien er 40 Jahre lang jedes Jahr und blies in sein Horn. Ebenfalls nach 40 Jahren erschien der Neffe und Erbe des Amandus Marchthaler im Esslinger Spital, bereit zum Sterben. Er hatte ebenfalls jedes Jahr das Hornsignal gehört. Nun wollte er nur noch sterben. Auf seinem Sterbebett beichtete er, dass er damals seinen Onkel getötet habe. Das Postsignal wurde nie mehr gehört. Die Seelen hatten ihre Ruhe gefunden. Die Esslinger haben ihrem Postmichel einen Brunnen gewidmet, die Weingärtner darüber hinaus auch einen Wein.

Die Esslinger Weingärtnergenossenschaft war schon früh dabei, ihren Weinen besondere Namen zu geben – nicht nur den des Postmichels. So nennen sie ihre Weine auch nach dem Glockenspiel des Rathauses, hat doch dieses ein eigenes Glockenspiel, das jeden Tag ertönt. Und mit ihrem »Faifegrädler« nehmen sie Bezug auf den Kirchturm in Mettingen. Dieser hat fünf Kirchturmspitzen. Egal, wo man sich auch in Mettingen befindet, man kann immer nur vier davon sehen. So wird aus einem optischen Gag ein eigener Wein.

Gottfried von Neifen eroberte im 12. Jahrhundert die Herzen im Sturm, war er doch ein angesehener Minnesänger und zog in Deutschland von Burg zu Burg. Schlagersänger waren eben schon immer angesehen. Sie sangen von Liebesleid, vom Herzen und vom Schmerz. Das war schon damals populär. Am Fuße des Hohen Neuffens wuchs damals bereits Wein. Der hielt sich bis in die Neuzeit. So wurde eine Einzellage daraus – genannt der »Täleswein« –, die sich heute von Weilheim über Beuren und Linsenhofen bis nach Frickenhausen erstreckt.

Berühmt wurde der Täleswein 1948. Da trafen sich nach dem 2. Weltkrieg die Ministerpräsidenten von Baden, Württemberg-Baden und Württemberg-Hohenzollern zur berühmten »Dreiländerkonferenz«. Württemberg–Baden (dazu gehörten auch Karlsruhe und Mannheim) und Württemberg-Hohenzollern gehörten zur amerikanischen Besatzungszone, die Südbadener zur französischen. Diese wurden angeführt von Leo Wohleb, der ein kompromissloser Verfechter eines eigenen Bundesstaates Baden war. Der Ministerpräsident von Württemberg-Baden, Reinhold Maier, hatte zu dem Treffen eingeladen. Obwohl viel Täleswein getrunken wurde, kam es zu keiner Einigung. Wohleb war nicht zu gewinnen. Trotzdem wurden die Weichen zu einer Volksabstimmung gestellt, aus der schließlich 1952 das neue Bundesland hervorging: Baden-Württemberg.

Wohleb hat das nie überwunden. Besonders war er den nordbadischen Abgesandten gram, die für den neuen Bundesstaat votierten. Deren Chef hatte rötliche Haare. Er soll ihm vorgeworfen haben, dass er seitdem wisse, welche Haarfarbe der Verräter Christi, Judas Ischarioth, hatte: »Er hatte rote Haare.«

So bauen die Weingärtner in Neuffen ihren Täleswein aus und sind bis heute stolz, dass ihr Wein nicht nur eine lange Tradition hat, sondern auch zur Gründung des Bundeslandes seinen Teil beitrug.

Den Schluss eines Mahles bildet das Dessert. Das ist in der Regel süß. Schon im 16. Jahrhundert hatten die Mönche des Klosters Münster nahe bei Stuttgart (Münster ist heute ein Teilort von Stuttgart) festgestellt, dass sie einen besonderen Wengert haben, der auf Muschelkalk besonders süße Trauben trägt. Sie nannten ihn »Zuckerberg«. Die Cannstatter Wengerter bauen auf dieser Weinlage bis heute ihren besonderen Wein an – das »Zuckerle«.

Den bauen sie allerdings auch trocken aus. Und dennoch hat er eine besondere Qualität – die Trauben sind von Natur aus einfach süßer als in der Umgebung.

»Zom Fenger a'schlecka!«

[tsom fɛnə aːʃlɛgɛ]

Schwabens berühmtester Weinberg

Nur auf den ersten Blick war es ein Eisenbahnfan, der auf den Spuren der alten württembergischen Eisenbahn bei Maulbronn unterwegs war und die alte Trasse abwanderte. Tatsächlich interessierte sich ein Weinfreund für die alten Schienen. Seine Suche galt dem alten Maulbronner Eisenbahntunnel. Auch wenn schon lange kein Pfiff einer Dampflokomotive mehr zu hören ist, den Tunnel gibt es immer noch. Nie war er so wertvoll wie heute, denn der alte Eisenbahntunnel dient als Weinlager der württembergischen Hofkammer. Die Eingänge sind zugemauert und im Innern des Berges reifen Württemberger Tropfen, die zu den besten des Landes gehören. Genau die suchte der vermeintliche Eisenbahnfan, fand sie auch und konnte sie dennoch nicht kaufen. Jedenfalls nicht im Tunnel.

Auch wenn die Römer den Weinbau in Württemberg pflegten und ausbauten, zum Weinland ist Württemberg erst durch die Arbeit der Mönche im frühen Mittelalter geworden. In besonderer Weise taten sich dabei die Zisterzienserbrüder aus Maulbronn hervor. 1147 wurde das Kloster von den asketischen Mönchen aus Cîteaux in Burgund gegründet. Bei aller Askese brauchten die Klöster immer Wein, schließlich stand die tägliche Messe mit dem Abendmahl in beiderlei Gestalt – also mit Wein und Brot – im Mittelpunkt des religiösen Lebens. Die zugezogenen Brüder aus Burgund brachten die Rebkulturen mit und lehrten die Novizen aus Schwaben die neue Kunst.

Diese erkannten schon bald, dass der Boden des seit dem 8. Jahrhunderts stehenden Eilfingerhofes besonders geeignet ist. Graf Ludwig von Württemberg vermachte 1150 den Hof dem Kloster. Am Südhang bauten Laienbrüder aus Speyer 1159 auf Keuperboden die ersten Reben an. Heute wächst hier ein Riesling, der als »Eilfingerberg« über die Grenzen Deutschlands hinaus unter Gourmets berühmt ist. Das ahnte wohl bereits der württembergische König, als er 1872 den ganzen Weinberg kaufte und so seinem Haus bis heute den Weinberg sicherte. Das hatten die schwäbischen Revolutionäre bei ihrer Revolution 1918 dummerweise übersehen.

Gerätselt wird bis heute, wie es zu dem Namen »Eilfingerberg« kam. In Maulbronn erzählt man sich dazu eine Geschichte, die zwar das Herz bewegt, aber leider eine Legende ist. Die Zisterzienser der ersten Stunde hielten sich streng an die mönchischen Regeln – wenigstens in der ersten Zeit. Daher hielten sie auch die Fastenzeiten streng ein. Das war eine harte Zeit für manchen Mönch, der sich ansonsten an seinen täglichen Tischwein aus den besten Lagen gewöhnt hatte. Während der Fastenzeit wurde an einer Säule des mönchischen Speisesaales (des Refektoriums, das man heute noch sehen kann) ein Behälter mit Wein aufgehängt. Sein Spundloch wurde nach der Mahlzeit geöffnet und ein bisschen Wein lief hinunter, in eine um die Säule laufende Rinne. Den Mönchen war es dann erlaubt, in dieser Rinne ihre Finger mit Wein zu benetzen. Der Stoßseufzer eines Mönches ist überliefert: »Ach, wenn ich doch nur elf Finger hätte.« So sei der Name des Weines entstanden.

So ist es mit alten Geheimnissen. Wenn die Wahrheit unergründlich ist und bleibt, brauchen wir die Legenden. Meist sind sie ja auch viel schöner. So zog auch der grollende Trassenwanderer durstig weiter, denn der Eisenbahntunnel blieb ihm verschlossen. Den Maulbronner Eilfingerberg gibt es eben nicht in Maulbronn, sondern nur im Schloss Monrepos in Ludwigsburg.

»Gega d'hochverpönte Verfelschong ...!«

[gegə d'hoːxfəpøndə fɛfɛlʃon]

Der jahrhundertelange Kampf gegen die Panscherei

So alt wie die Geschichte des Weinbaus selbst, so alt ist auch die der Panscherei. Da half man mit Holderbeeren und Kirschentinkturen der Farbe nach, da wurde Silberglätte und Bleiacetat ins Fass gemischt. Letztere allerdings konnten tödliche Folgen haben.

Genau das hatte der Esslinger Küfer Hans Jacob Erni mit seinen Jahrgängen 1701 und 1703 getan. In Stuttgart, weil er in Esslingen kein Bürgerrecht mehr hatte. Dort wurde er 1706 mit dem Schwert hingerichtet. Einige seiner Kunden starben an seinem Wein, so wurde er wegen »hochverpönter Verfälschung« zum Tode durch das Schwert verurteilt.

Der Stuttgarter Weinhandel nach Bayern und Österreich ging über Esslingen und Ulm. 1697 hatte der Ulmer Stadtarzt Eberhard Gockel festgestellt, dass die Württemberger Weine, die über Esslingen kamen, sehr häufig mit Bleizucker »verbessert« worden waren. Die Württemberger hatten sofort verfügt, dass ihre Weine ein amtliches Attest für »reinen, natürlichen Wein« haben müssten und bezichtigten die Esslinger, die sich dem nicht anschlossen, der »Weinverfälscherei«.

Wenn ein Weinhändler oder Wirt dabei ertappt wurde, seinem Wein künstlich nachzuhelfen, wurde er ebenfalls verurteilt – zum »Nabada«. Er wurde in einen Käfig gesteckt und in den Bach getaucht, mit dem Auftauchen wartete man dann solange, bis der Delinquent schon fast nicht mehr lebte. Dies diente zur Abschreckung und Volksbelustigung gleichermaßen. Denn, wenn der Betroffene dann pudelnass nach Hause ging, war ihm der Hohn und Spott und die entsprechende Nachrede über Jahre sicher. Bis es dann den Nächsten traf.

»Schwarze Schafe« gab es schon seit Beginn der Weinzeitrechnung. So war bereits um 1400 in Württemberg eine Weingärtnerverordnung erlassen worden. Darin war auch geregelt, dass dem Wein nicht mit Zucker, Honig und Most »nachgeholfen« werden durfte. Letzteres – Wein mit Most vermischen – wurde dann allerdings im 18. Jahrhundert sogar gelegentlich von der Obrigkeit erlaubt. So etwa im Oberamt Nürtingen, weil der Wein so sauer und »räß« war, dass er ansonsten nur noch zu Essig hätte verarbeitet werden können.

Die sogenannte Kunst im Keller war aber keine württembergische Spezialität. Sie kam im ganzen Reich vor. So sah sich Kaiser Friedrich III. gezwungen, wegen der Weinpanscherei extra einen Reichstag einzuberufen – 1487 in Rothenburg ob der Tauber. Es wurde ein strenges Gesetz erlassen: Außer etwas Schwefel zur Haltbarmachung durfte dem Wein nichts untergemischt werden.

Ein gutes Beispiel stellten die Klöster dar. Allein schon wegen der Verwendung als Messwein wurde dem Weinausbau besonderes Augenmerk geschenkt. Bis in die Mitte des 15. Jahrhunderts war ausschließlich Rotwein als Messwein zugelassen. Erst 1478 erlaubte Papst Sixtus IV. dafür auch Weißwein als Messwein.

So steht bis heute im Kanonischen Recht: »Der Wein, der für die Feier des hochheiligen, eucharistischen Opfers verwendet wird, muss naturrein, aus Weintrauben gewonnen und echt sein, er darf nicht verdorben und nicht mit anderen Substanzen vermischt sein. Bei der Messfeier muss ihm ein wenig Wasser beigemischt werden.«

In Österreich, der Schweiz und Deutschland entspricht das heute dem Prädikatswein (ab Kabinett).

Waren bis zur Reformation die Klöster federführend in der Entwicklung des Weinbaues und der Kellertechnik, musste dies ab der Reformation die Obrigkeit übernehmen.

Der Wein war zu jeder Zeit begehrt. Und so waren auch immer Begehrlichkeiten vorhanden, der Natur etwas nachzuhelfen.

»Bloss koin billiger Jakob!«

[blo:s koin bilgə jakɔp]

Labsal für die Seele der Pilger

Die alten Pilgerwege sind wieder gefragt. Egal, ob auf den Spuren des Paulus auf Kreta, »biblisch-gereist« in Jerusalem oder mit dem Kirchengeschichtslexikon »Heussi« unterm Arm in den Ruinen von Karthago, immer mehr Interessierte suchen die alten Pfade der Menschen der Kirchengeschichte. So wurde auch der alte europäische Pilgerweg nach Santiago de Compostella wiederentdeckt. Mancher Manager berichtet davon, wie er bei einer Wanderung auf diesen alten Wegen, vorbei an Kirchen, Kapellen und Pilgerstationen, auf der Suche nach sich selbst auch seine eigenen Wurzeln des Glaubens entdeckt habe. Dabei muss man nicht einmal mit Pilgerstab, Wasserflasche und Jakobsmuschel, die längst von einer Ölgesellschaft als Logo vereinnahmt wurde, ausgerüstet sein.

Der alte Pilgerweg nach Santiago ging quer durch Deutschland und weiter durch die Burgundische Pforte nach Südfrankreich, wo die Pyrenäen ein fast unüberwindliches Hindernis darstellten. Tausende zogen im Mittelalter nach Santiago, um den Segen des Herrenbruders zu erhalten und mit dem Frieden Gottes heimkehren zu können. Doch vor dem Pyrenäenaufstieg bedurfte es einer kräftigen Stärkung für die bedrohten Seelen und ermatteten Körper. So füllten auch die schwäbischen Pilger ihre Feldflaschen mit Madiran, jenem Rotwein der französischen Pyrenäenseite, der über Jahrhunderte die »Segensuchenden« labte und erbaute.

Der Madiran ist ein würziger Wein, herb, farbintensiv und mit einem gewissen Himbeeraroma. Die Pyrenäentraube Tannat gibt ihm seinen Körper, die Winzer machen ihn mit etwas Cabernet Sauvignon spritziger. Als »sinnlich, fleischig, kräftig gebaut mit einem Aroma von geröstetem Brot« (wo bleiben da die Himbeeren?) weist ihn ein französischer Weinführer aus.

Seit ein paar Jahren haben ihn französische Weinhäuser – die es auch in Württemberg gibt – im Angebot. Junge Winzer haben sich dem Madiran angenommen und aus dem noch im letzten Jahrhundert dahinsiechenden Weinanbaugebiet (die Reblaus machte ihm damals den Garaus) ein kleines Schmuckstück gemacht. Weil die Winzer jung und unbekannt, andere Weine berühmt geworden, und alte »Weinzähne« konservativ sind, hat der Madiran noch nicht seine einstige Berühmtheit wiedererlangt. Daher ist dieser alte Wein der Pilger auch in Deutschland zu einem günstigen Preis zu haben.

Na, das wäre doch was: zu einem Abend über Religion, Glaube und Philosophie diesen Wein kredenzen? Denn, was jahrhundertelang den Pilgern Labsal brachte, kann auch für eine heute nach Sinn dürstende Seele nicht schlecht sein.

Wie immer gibt es einen Haken: Mindestens fünf Jahre sollte ein Madiran schon alt sein – denn sonst kommt man sich wegen der durch den Fassanbau reichlich vorhandenen Tannine vor, als hätte man eine Eiche im Mund.

Wer nicht solange auf die Trinkfähigkeit des Pilgerweins aus den Pyrenäen warten will und auch nicht extra nach Santiago fahren möchte, sollte Winnenden besuchen. Auch dort ist er dem heiligen Jakob nahe. In der Schlosskirche sammelten sich im Mittelalter die Pilger nach Santiago, die vom Deutschen Ritterorden während ihrer Pilgerfahrt begleitet und beschützt werden wollten. Auf dem Altar der Schlosskirche ist ein mittelalterlicher Comic zu sehen. Die Pilgerfahrten waren nicht ungefährlich. Neben Wegelagerern und Raubrittern musste man sich auch vor den Wirten in Acht nehmen. Der Comic auf dem Hochaltar erzählt die Geschichte eines diebischen Wirtes, der einen Unschuldigen an den Galgen brachte. Aber – kein Wunder – der heilige Jakob erweist sich in der Geschichte nicht als billiger, sondern als wahrer Jakob. Er klärt alles auf: Der Wirt wird gefasst, die Gerechtigkeit siegt.

Darauf kann man – solange der Madiran im Keller ruht – getrost mit einem Glas württembergischen Pilgerweins anstoßen. Die Einzellagen Berg, Haselstein, Holzelberg und Roßberg kann man um Winnenden herum noch finden. Es sind zwar nur kleine Weinberge, deren Erträge oft nur privat oder in Besenwirtschaften zu finden sind. Pilgerweine bleiben es dennoch. Und wie das Glück muss man eben auch das Labsal der Seele und der Pilger manchmal lange suchen.

Und dem »billigen Jakob« aus dem Weg gehen. Denn schon im Mittelalter versuchten Betrüger, dem Unvorsichtigen einen einfachen Weg aufzuschwätzen. Nicht nur billigen Wein, sondern auch einfache Möglichkeiten, den Strapazen aus dem Weg zu gehen. Billiger Jakob eben – damals wie heute.

»So en Semsakrebbsler«

[zoːn zɛmzɛkrbslɐ]

Vom Wein, der einem die Schuhe auszieht.

Prinz Eugen, der edle Ritter, hatte 1688 Belgrad erobert. Natürlich war das alles sein Verdienst, und so wurde er entsprechend gefeiert und im 19. Jahrhundert in der Romantik dann endgültig zum deutschen Nationalhelden verklärt, was sich noch in Liederbüchern aus den 60er Jahren niederschlägt. Kein Wort darüber, dass die Erstürmung nur mit Hilfe seiner schwäbischen Truppen gelang. Doch er hat es nicht vergessen, denn mit der Erstürmung Belgrads wurden die Türken abgewehrt und für einige Zeit herrschte Ruhe an der Grenze zum Islam.

Bei einer Rundreise durch Süddeutschland – der Norden spielte für ihn keine Rolle – wurde er vom Rat und den Bürgern der Freien Reichsstadt Reutlingen gebührend empfangen. Ihm wurde ein großer Weinkelch gereicht, den er in einem Zug austrinken musste – so war es geboten. Prinz Eugen trank erwartungsgemäß den Becher leer, gab ihn zurück und erklärte, dass er lieber noch einmal Belgrad erobern würde, als diesen Wein ein zweites Mal zu trinken.

Die Tübinger lachten sich halbtot darüber. In der alten Rivalität zwischen den Städten Reutlingen und Tübingen spielte schon immer der Wein eine große Rolle. So kam die Geschichte in Umlauf, ein Tübinger hätte beim Trinken des Reutlinger Weines anlässlich seiner Hochzeit mit einer Reutlingerin ausgerufen, jetzt wisse er, was Mitgift bedeute. Diese Geschichte gibt es auch genau andersherum.

Reutlinger erzählen gerne, dass ein Tübinger Wein so schmecken würde, als hätte man eine Katze verschluckt, die beim Wiederherausziehen aus dem Rachen die Krallen ausgefahren hätte – so sei das Gefühl. Tübinger erzählen dies wiederum genau andersherum.

Jedenfalls erklären alle beide, das sei ein »echter Semsakrebblser«.

»Semsakrebblser« gibt es bis heute. Allerdings nicht im Verkauf. Nach altem württembergischem Weinrecht musste der Wein in einer zugewiesenen Kelter gepresst werden. Dort überwachten Beamte das Lesegut und die Menge des abgepressten Mostes. Dadurch wurde die Steuer erhoben und alles in entsprechende Weinbücher eingetragen. Die Obrigkeit wusste über jeden Tropfen Bescheid. Weil nicht klar war, zu welchem Preis der ausgebaute und vergorene Wein dann im nächsten Jahr verkauft werden konnte, musste sich der Wengerter beim Verzehr seines eigenen Weines zurückhalten. Oft trank er keine Schluck davon, weil schon ab Kelter verkauft wurde und er ohnehin durch Schulden aus vorherigen Jahren geplagt war. Es ging um jeden Pfennig. Der Wengerter trank deshalb Most.

Steuerfrei war nur der Wein, den er sich selber an seinem Haus ziehen konnte. Deshalb standen vor jedem schwäbischen Haus Weinstöcke, die an der Hauswand entlang gezogen wurden. Sie bedeckten alle Hauswände und wurden zu den Fenstersimsen hinauf- und drumherumgezogen – auch an der Nordwand. Die Trauben landeten alle in einem kleinen Fass. Der Wein war durchgegoren und durch die Mischung der Erträge von allen Hauswänden durchgehend schlecht. Wenn er ganz schlecht war, wurde nachgeholfen. Zucker konnte man sich nicht leisten, also dörrte man Weintrauben in der Sonne. Sie wurden zu Rosinen. Die gab man mit ins Fass, um wenigstens etwas Süße in den Wein zu bekommen. Einen Teil des Weines setzte man mit einer Essigmutter an und hatte so Essig für den Salat.

So trank man seinen Hauswein – an der Hauswand gezogen. Bescheiden im Geschmack – aber dafür steuerfrei. Ein echter »Semsakrebbsler« eben.

»Mei WG baut Wei an ...«

[mai vege baud wai ɐ]

Die Weingärtnergenossenschaften entstanden aus der Not

„WG" steht für Wohngemeinschaft. In Württemberg nicht unbedingt – jedenfalls nicht für alte Weinzähne. Denn mit dem Kürzel WG ist immer noch die Weingärtnergenossenschaft gemeint, sogar die WG in Löwenstein, die sich als einzige im Land »Winzergenossenschaft« nennt.

Die WGs entstanden in großer Not. Denn nur unter großem Druck – in diesem Fall war es der finanzielle Druck – arbeitet der Schwabe im Team. So war jeder Wengerter ein Eigenbrötler, »schaffte sei Sach'« und wollte von den anderen nichts wissen. 200 Jahre soziale Kontrolle im Dorf und mögliche Strafen durch den Kirchenkonvent haben eben ihre Spuren hinterlassen. Man ließ sich nicht in die Karten schauen, trachtete danach, nicht aufzufallen, und tüftelte seine Sachen selber aus.

Der Weinbau war darüber im 19. Jahrhundert ins Hintertreffen geraten. Um Industrie und Landwirtschaft war es im Ländle kurz vor der Reichsgründung nicht gut bestellt. Als wichtigstes Exportgut wurden Holz und Uhren aus dem Schwarzwald genannt. Außerdem noch Schnecken von der Schwäbischen Alb – die damals berühmten »Schwäbischen Austern«. Sonst gab es nichts zu exportieren. Vom einst berühmten Weinbau und Weinhandel war nichts zu vermelden. Es war nicht weit her mit dem heutigen »Musterländle«.

Zum einen hatte das damit zu tun, dass im neu erstandenen Königreich die Grundlasten nur schwer abzulösen waren. So gab es immer noch den »Zehnten« als Naturalsteuer. Der König selber war zwar für die Abschaffung, aber seine Finanzverwaltung wollte so viel Geld von den einzelnen Bauern als Ablösung, dass sich die diese Summe gar nicht leisten konnten. Zudem machten die alten Herren in den neuen Gebieten des Königreiches nicht mit. Sie zogen vor das Reichsgericht, und jahrelang zogen sich die Prozesse hin. Sie hatten im Königreich nun zwar keine politische Macht mehr, aber an ihren Privilegien sollte nichts geändert werden. Dann kam noch dazu, dass die Weingärtner selber an einer Verbesserung des Weines kein Interesse hatten, weil es ihre Lage nicht verbesserte.

Da sie keinen Fassraum zum Lagern und Ausbauen des Weines hatten, mussten sie ihren Most direkt ab der Kelter verkaufen. Diese Keltern waren außerdem bis 1836 »Bannkeltern«. Der einzelne Wengerter war an eine bestimmte Kelter gebunden, an die er seine Trauben anliefern musste. Die Herrschaft konnte so gleich den Zehnten als Naturalsteuer abgreifen. Als der württembergische Landtag 1836 die Befreiung von den Grundlasten beschloss, waren wieder die alten Grundherren (aus Hohenlohe und Oberschwaben) dagegen, so dass eine wirkliche Veränderung erst mit der Revolution 1848 einsetzte.

So stauten sich an den alten Keltern, in denen noch die großen Baumpressen arbeiteten, die Wagen mit den Reben und die Käufer ließen sich erst mal nicht blicken. Sie wussten, je später sie kamen, desto stärker fiel der Preis. So standen die Wagen mit den vollen Butten oft bis zu zwei Wochen vor den Keltern – im Freien, der Witterung schutzlos ausgeliefert. Da konnte keine Qualität herauskommen, zumal der Wengerter dann schließlich verkauften musste und gezwungen war, jeden Preis zu akzeptieren. Erst dann wusste er, ob sich die Arbeit eines Jahres für ihn gerechnet hatte oder ob wieder einmal der Verdienst nur für die Schuldentilgung reichte.

In den 40er Jahren des 19. Jahrhunderts kam dann alles zusammen. Politisch ging nichts, die Schulden wuchsen, neues Gewerbe und Handel gab es nicht im Land. Als dann der 1847er auch nichts wurde, stieg nicht nur die Verschuldung der Wengerter, sondern auch der politische Druck im Land, der sich im März 1848 in der »Märzrevolution« entlud. In Schwaben war es aber mehr ein »Revolutiönle«. Das aber ist eine andere Geschichte.

Jedenfalls war die Not groß, und nun dachten die ersten Wengerter daran, sich zusammenzutun und Abhilfe zu schaffen.

Sie taten sich zu Weingärtnergenossenschaften zusammen, die anfangs allerdings eher Weinbauvereine waren. Denn sie konnten erst mit der Zeit genug Kapital aufbringen, um eigene Keller anzulegen, Fässer zu kaufen und den Wein selber auszubauen und zu vermarkten.

Den ersten Weinbauverein in Württemberg mit genossenschaftlichen Ideen gründete 1854 in Asperg der dortige Schultheiß Weiß. Die Vereinigung hielt zwar nicht lange, aber die Idee war nun auf der Welt.

Am 28. Oktober 1834 gründeten in Neckarsulm der Hotelier Anton Brunner, der Weingärtner Wilhelm Fischer und der Stadtpfleger Fleiner einen Weingärtnerverein, der es sich zur Aufgabe machte, Weinreben zu beschaffen und sie an Mitglieder auszuteilen, so dass deren Bestände qualitativ besser werden konnten. Daraus gründete sich 1855 die »Association für Bereitung und Verwertung des Weinmostes«. Im Prinzip ist das die älteste Weingärtnergenossenschaft der Welt. Eigentlich besteht sie noch immer, auch wenn die WG Neckarsulm 2007 in der Genossenschaftskellerei Heilbronn-Erlenbach-Weinsberg aufging.

Nach dieser Gründung ging es Schlag auf Schlag: 1857 Fellbach, 1859 Esslingen, 1868 Weinsberg, 1879 Tübingen und

Beilstein, 1880 Oberstenfeld, 1887 Untertürkheim und 1888 Heilbronn.

Das Prinzip war immer das gleiche: unbegrenzte Mitgliederzahl, begrenzte Geschäfte, solidarische Haftung, ehrenamtliche Verwaltung und Unteilbarkeit des Vermögens. Bis in die 30er Jahre des 20. Jahrhunderts wurden neue Genossenschaften gegründet. Allerdings immer gegen Widerstände im Ort. Die einzelnen Wengerter ließen sich nicht so einfach in die Bücher schauen, misstrauten grundsätzlich einander und neideten sich jede »Bessereinschätzung« ihrer Trauben vor der Kelter. Oft einigte man sich nur so, dass der »Rechner« der Genossenschaft zugleich auch der oberste Pietist am Ort, der Stundenhalter, war. Da der sich ja schließlich in besonderer Weise vor Gott verantwortlich sah, schon um seines Glaubens willen, traute man ihm noch am ehesten zu, die Bücher und die Kasse »recht« zu führen.

Eine wesentliche Errungenschaft war die Gründung einer Weingärtnerzentralgenossenschaft, um die Überschüsse zu vermarkten und dem überörtlichen Handel und der Gastronomie einen Partner auf Augenhöhe entgegen zu stellen. Der Trend zur Zentralisierung hält auch heute noch an und hat in den letzten Jahren an Schwung gewonnen – siehe Neckarsulm. Denn in einer globalisierten Welt kann nur bestehen, wer auf unverwechselbare Qualität, auf effiziente Verwaltung und Vermarktung setzt. Jeden anderen bestraft der Markt.

»So a Drucketse«

[zoːˀa drʊgədsdə]

Die Schwaben und ihre Besenwirtschaften

Ist der Rausch eine Sünde? Dieser Frage gingen natürlich auch die Reformatoren nach, die doch mit ihren theologischen Erkenntnissen auch das tägliche Leben gestalten wollten. Solch praktische Lebensfragen bewegten die Theologen immer wieder. So etwa auch in der Zeit der Hochscholastik in der späten Stauferzeit, als es etwa um die Frage ging, ob eine Maus, die von einer geweihten Hostie genascht hatte, nun frei ihrer Sünden sei – falls eine Maus überhaupt Sünden begehen könne. Oder die Frage danach, ob Jesus je gelacht habe. Umberto Eco schrieb einen Krimi um diese Frage herum, der sogar verfilmt wurde: »Der Name der Rose.«

Ist also Rausch eine Sünde? Der orthodoxe Gnesiolutheraner (also ein ganz Konservativer) Karl König gab um die Mitte des 17. Jahrhunderts dazu eine klare protestantische Antwort: »Jein! Es kommt drauf an.«

Entsteht nämlich der Rausch wegen des Trinkens von Bier, ist er eine Sünde. Denn Bier ist operatio hominis (also: Werk des Menschen) und das entsteht, nach der Vertreibung aus dem Paradies, durch Arbeit »im Schweiß des Angesichts« – also Sünde.

Rührt der Rausch aber von zu großem Konsum von Wein her, ist das keine Sünde. Denn der Wein ist creatio dei (also: Schöpfung Gottes); schließlich legte Noah als erstes, nachdem er aus der Arche gestiegen war, einen Weinberg an).

Den Schwaben war das egal – Reformation hin oder her. Bier wurde im Ländle ohnehin nicht gebraut. Die ersten einzelnen Braurechte gab es ab dem 18. Jahrhundert. Allerdings wurden diese von der Obrigkeit sofort wieder eingezogen, wenn sich ein gutes Weinjahr ankündigte. Klöster mit Braurecht gab es seit der Reformation nicht mehr. Es gab nur Wein. Noch um 1900 gab es in der bürgerlichen Familie Wein zum Mittagstisch, an Bier war nicht zu denken. Das tranken Eisen- und Straßenbahner sowie die ersten Arbeiter in den aufkommenden Fabriken – also Sozialdemokraten. Ein »Bürger« trank Wein. Obwohl die Sozialdemokraten mit ihrem aufkommenden »Consum-Verein« und dessen Verkaufshäusern in Württemberg immer auch Wein anboten und in Stuttgart eine der größten Weinkellereien besaßen, um auch dem »einfachen Mann« einen »anständigen, ehrlichen und bezahlbaren« Wein anbieten zu können.

Die einzelnen Weinbauern bauten ihren Wein zunehmend selber aus, nachdem mit Beginn des Königreiches der »Kelterbann« weggefallen war – also der Zwang, in einer besonderen Kelter unter Aufsicht des Finanzamtes die Trauben zu pressen und den frischen Saft sofort zu verkaufen. Nun bauten sie eigene Keller, mussten aber spätestens im Sommer die Fässer für den neuen Wein im Herbst leer bekommen.

Da besannen sie sich auf ein altes Recht, das auch im Herzogtum nie erloschen war, sofern man einen Keller hatte: den Ausschank in den eigenen vier Wänden – die schwäbische »Besenwirtschaft«.

Besenwirtschaften oder »Straußenwirtschaften« (»Heckenwirtschaft« in Franken, »Heurigen« oder »Buschenschank« in Österreich und der Schweiz) gibt es angeblich seit Karl dem Großen. Der erließ 812 die Verordnung Capitulare de villis vel curtis imperii und hatte den Winzern »Kranzwirtschaften« erlaubt. Die Winzer oder Wengerter durften eigenen Wein auf eigenem Gelände, zusammen mit einfachen Speisen, steuerfrei

ausschenken. Von Historikern wird das jedoch bezweifelt, finden sie im gesamten überlieferten Text doch keine entsprechende Bestimmung. Die Wirkung war jedoch gewaltig.

Auf Karl den Großen berufen sich heute noch alle.

Rechtlich sieht das so aus, dass der Ausschank maximal vier Monate im Jahr erfolgen darf und in zwei Zeiträume aufgeteilt wird. Es dürfen höchstens 40 Sitzplätze zur Verfügung stehen (kontrolliert wird das vermutlich sowieso nur in Stuttgart). Unklar ist auch, wie viele Personen auf 40 Sitzplätzen Platz finden – man rückt eben mehr als eng zusammen, so dass eine echte »Drucketse« entsteht.

Jedem Zugereisten, also »Rei'gschmecktem«, sei der Besuch einer Besenwirtschaft dringend empfohlen. Im Internet kann man sich informieren, welche Besenwirtschaft gerade geöffnet hat. Das sollte man auch tun und dabei eine auswählen, die in der Nähe liegt (nicht mehr mit dem Auto fahren oder gleich die öffentlichen Verkehrsmittel nehmen). Eine Besenwirtschaft erkennt man am ausgesteckten Reisigbesen. Typisch Schwäbisch:

Warum sollte man frisches Grün verwenden, wenn es ein alter Besen auch tut. Drinnen ist es immer voll. Bei wenigen Besenwirtschaften kann man einen Tisch vorbestellen. Überzieht man zehn Minuten, ist der Tisch weg. Die Nachfrage drückt einfach rein. Egal, welches Bild man von den Schwaben bisher hatte, hier wird es zerstört. Alle reden miteinander, klopfen Sprüche, sitzen mehr als »b'häb« (sehr eng) aneinander und aufeinander. Irgendeiner bringt eine Ziehharmonika mit (»Heimwehkompressor«) und dann geht – meist zur fortgeschrittenen Stunde – die Post ab. Hier wurden unzählige Ehen vorbereitet, aber auch zerstört (Dir du'e: Wart bis m'r dahoim send. Du mit dem sella blonda Gift ... Dir helf' ih).

Jedenfalls werden alle Urteile – also Vorurteile – über die Schwaben in einer Besenwirtschaft auf den Kopf gestellt.

In der Regel gibt es dort einfachen Fasswein im schwäbischen Viertelesglas (0,25 l) – wenn es ganz echt ist, mit grünem Henkel. Da mögen die Leute in Deutschland noch so über den Trollinger schimpfen. Hier gibt es ihn in seiner einfachen Form als Zechwein, von dem man auch ein Viertele mehr trinken kann. Dazu Schlachtplatte, Würste mit Kartoffelsalat und Maultaschen in jeder Form. Natürlich auch Braten und mehr – was das Gesetz im Grunde gar nicht erlaubt. Die Obrigkeit müsste eigentlich dagegen einschreiten. Tut sie, soviel ich weiß, aber nur in Stuttgart. Warum auch? Schließlich hocken die »Großkopfeten« selber im Besen und außerdem wollen sie ja wieder gewählt werden. So wird man in geselliger Runde überrascht sein, wenn es heißt: »Wo kommsch her?« Da zeigt es sich nicht selten, dass an einem Tisch alle Standesunterschiede verwischt sind. Banker neben Handwerker, Lehrer neben Angestelltem, Manager neben Arbeiter. Der Wein im Besen bringt alle auf dieselbe Augenhöhe.

Deshalb wundert sich der Schwabe auch nicht, dass es in Berlin in der Uhlandstraße 159 die »Besenwirtschaft« gibt. Seit

1974. Das ist natürlich keine »echte« Besenwirtschaft, woher sollten die Berliner auch wissen, was das ist. Es ist ein normales Lokal – das allerdings nur württembergische Weine führt. Aber es versucht zumindest, den Charme eines schwäbischen Besens sozusagen als Missionsstation »im großen Vadderland« zu bewahren und zu pflegen. Das tut gut gegen das Heimweh. So trifft man dort nicht selten »heimwehkranke« Schwaben, die ihr Viertele »schlotzen« (schlürfen), den Berliner Lauten um sich herum lauschen und in sich hineinhorchen und nach innen sprechen: »So isch's no au wieder!«

»Es kommt halt auf d'r Johrgang a'«

[ɛs komd hald uf dɐ jɐrga: ɐ]

Kommunikation mit sich selbst beim Wein

Im Casino, also der Kantine, des alten SDR erzählte man sich die Geschichte einer jungen Radio-Volontärin, die, frisch in Stuttgart, gleich zum Bericht nach Uhlbach geschickt wurde. Dort gibt es bis heute den Weingärtner-Gesangverein »Urban«. Nach all dem Gesang setzte man sich zum gemütlichen Ausklang noch in der Gaststube zusammen. Die junge Reporterin setzte sich dabei zwischen die Mannen, ihr Aufnahmegerät bei sich. Ob die wackeren Sänger denn den alten deutschen Dreiklang kennen würden: »Wein, Weib und Gesang.« »Ha, jo!«, war die Antwort. Auf was sie denn am ehesten verzichten könnten, wollte die Volontärin wissen. »Ha, auf den Gesang«, hieß es dann. Nicht schlecht für einen Männergesangverein. Die junge Redakteurin ließ nicht locker. »Und auf was dann? Weib oder Wein!« Stille. Da nahm der Dirigent einen tiefen Schluck aus seinem Glas, blinzelte die junge Dame an und meinte: »Des kommt ganz auf den Jahrgang an!«

Wein und Kommunikation. Das gehört für den Schwaben zusammen. Allerdings anders, als man sich das sonst so vorstellt. Denn zuerst kommuniziert der Schwabe – wenn er nicht gerade am Stammtisch sitzt, zu dem aber nur Auserwählte Zugang haben – mit dem Wein. So kann er stundenlang vor seinem Viertelesglas mit dem grünen Henkel sitzen. Deshalb wird auch über so einen stillen Zecher behauptet: »Dem sei G'sang-

buch hot en Henkel.« Dazu gibt es Brezeln oder einen schwäbischen Wurstsalat. Mehr braucht es nicht. Die gesellige Fröhlichkeit der Rheinländer und auch die gesprächige Runde der Badener sind dem Schwaben fremd. Da müsste er sich ja unterhalten, aus sich rausgehen, etwas von sich selber erzählen. Das mag er nicht, das geht schließlich auch niemanden etwas an. Diese stillen schwäbischen Genießer findet man bis heute immer noch – wenn auch mehr auf dem Lande und weniger in der Stadt, wo sich die Tische schnell füllen.

Hier »sinniert« der Schwabe. Denkt also so vor sich hin, ohne sich groß zu bewegen. So klärt er erst mal ein Problem. Wenn er dann einigermaßen darüber Klarheit geschaffen hat, bestellt er sich noch ein Viertele und denkt, dass es natürlich auch ganz anders sein könnte.

Kommt ein Bekannter herein, fragt der ihn nur: »Ond?« Die Antwort ist: »Au!« Der Neue weiß Bescheid, schließlich haben sich beide gerade ihre ganze Lebensgeschichte erzählt. Er geht weiter zum Stammtisch, wo man sich angeregt unterhält und dabei ist, unter Zuhilfenahme von Trollinger, die Weltgeschichte zu besprechen und, zu vorgerückter Stunde, die Probleme der Welt zu lösen.

Der stille Sinnierer von oben hat nun eine entgegengesetzte Antwort gefunden. Auch nicht schlecht, aber eben anders. Nun denkt er beide Antworten zusammen und kommt dabei zu einer ganz neuen Fragestellung, die er, mit Bestellung des nächsten Vierteles, ebenfalls gleich wieder in Frage stellt.

»So isch's no au wieder«, stellt er schließlich fest und bezahlt. Entweder geht er dann – und hat einen gemütlichen Abend verbracht – oder er schließt sich dem Stammtisch an, wo die hitzigen Debatten dann zeigen, ob seine Erkenntnisse Bestand haben oder nicht.

Der stille schwäbische Zecher am Wirtshaustisch hat damit nichts anderes gemacht als der Wengertsohn G. W. F. Hegel mit »seinem« dialektischen Denken. Er stellt eine These auf, sieht aber gleichzeitig auch die Antithese. In der Diskussion der beiden entwickelt sich die Synthese, die aber zugleich wieder als neue These auf einer höheren Ebene in Frage gestellt wird. Damit hat es Hegel zum Staatsphilosophen Preußens gebracht und die weltweite Gelehrtengemeinschaft bis heute bereichert. Karl Marx wandte dann das Ganze auf die kapitalistische Gesellschaft des frühen 19. Jahrhundert an und stellte die Hegelschen Thesen dadurch sozusagen vom Kopf auf die Füße. Nicht umsonst heißt es bis heute, dass der einzige, der Hegel verstanden hätte, Marx gewesen sei – und der habe ihn gründlich missverstanden.

Dem schwäbischen Weintrinker ist das egal. Denn er denkt schon immer so. Gegensätzliches zu betonen und zugleich harmonisch auszuhalten, ist ihm in die Wiege gelegt. Dafür hat er sogar allgemeine schwäbische Ausdrücke ausgebildet, die heute immer noch die schwäbische Sprache prägen. Ausdrücke, die zwar von jedem Schwaben aber niemals von »Rei'geschmeckte« verstanden werden.

»Komm! Gang!«, heißt es, wenn einem etwas widerstrebt, aber an der Sache doch etwas dran sein könnte. »Wart! G'schwend!«, heißt auch so ein Widerspruch. Für Schwaben völlig normal, es dauert halt noch ein bisschen.

So ist der Wein in Schwaben ein Hilfsmittel zum Sinnieren – erst mit sich, dann mit anderen. Auf jeden Fall trägt er zum Lösen von Weltproblemen bei. Jedenfalls für einen Tag, einen Abend. Und am nächsten Abend kann man das Ganze ja wieder in Frage stellen und alles neu durchdenken.

Noch sind diese Schwaben nicht ausgestorben.

»Sorta gibt's viele, abr hoißed ieberall anders ...«

[zordə gi:ptz fi:lɐ abbɐ hoiset i:bɐal andɐs]

Wie sich die Württemberger Spezialitäten ausbildeten

Auf die Namen der Trauben hat sich der Hausvater nicht sonderlich zu gründen, weil sie an einem Ort nicht wie an dem anderen genannt werden«, so beschreibt Wolff Helmhard von Hohberg noch im Barock in seinem Werk »Georgica Curiosa« das Problem der nicht einheitlichen Namen für die Rebsorten. Das dauerte bis in das 19. Jahrhundert.

>»Mein treuester Bruder und Gespan,
>liegt tief in einem Keller.
>Er hat ein hölzern Röcklein an,
>und heißt der Muskateller.«

So erklang es allerdings schon in einem Trinklied aus dem 16. Jahrhundert. Der Muskateller, von dem es allerdings über 200 Vertreter gab, war im ausgehenden Mittelalter der Inbegriff an Kostbarkeit und Luxus. Ursprünglich kam diese Traube durch die Griechen und Römer nach Frankreich, zog dort die Rhone hoch und landete ab dem 15. Jahrhundert auch im Elsass und im Rheingau. Spätestens nach den Kreuzzügen war der Wein überall bekannt und wurde an die Höfe aus dem Mittelmeerraum importiert. Da er bis zum fünfzigfachen des einheimischen Gewächses kostete, war sein Luxus, aber auch die Begehrlichkeit danach, bekannt. In Württemberg waren es zuerst die

Klöster, die Setzlinge einkauften und ihre Lohnweingärtner dazu anhielten, diese anzupflanzen und zu hegen. Da die Rebe sehr viel Sonne braucht und sehr anfällig gegen Fäulnis ist, gab es davon nicht viel. Und manche Beere dürfte wegen ihrer Süße gar nicht erst den Weg in den herrschaftlichen Keller gefunden haben.

So kam auch der Silvaner im 17. Jahrhundert ins Land. Hier hieß er »Österreicher« und war ein übelbeleumdeter Massenträger. Doch die Würzburger entwickelten ihn im Kloster Erbach und so wurde die Traube immer besser. Ab 1700 ist er in Heilbronn nachgewiesen. Hier hieß er Frankenriesling. Im Elsass wurde er »Grüner Schwäbler« genannt. Er überstand in Schwaben die verheerenden Winterfröste und wurde mit dem aufkommenden Trollinger in »gemischtem Satz« angebaut und geerntet. Beides zusammen im Fass ergab den Schillerwein – nicht nach dem Dichter benannt, sondern weil er im Glas leicht »schillert«. Hinter vorgehaltener Hand nannten ihn die Schwaben »Schuldenzahler«. So ergiebig war die Traube, auch in schlechten Jahren. Die Obrigkeit mochte den Silvaner nicht und verbot ihn immer wieder, wenn auch ohne Erfolg.

Der Trollinger ist bis heute die rote Hauptsorte in Württemberg. Er belegt 22 Prozent der Rebfläche, und die Trinkkultur des Landes wäre ohne ihn nicht denkbar. Gleichwohl liegt seine Herkunft im Dunkeln. Im 16. Jahrhundert wird er zum ersten Mal in Württemberg erwähnt. Seinen Durchbruch schaffte er im 18. Jahrhundert. Es heißt, er würde aus Südtirol stammen: Die dortigen Sorten »Vernatsch« und »Schiava« sind genetisch identisch mit ihm. Weinkundler sind heute etwas anderer Meinung. Die genetische Identität wird nicht bestritten, allerdings untersuchten sie die Traube Schiava genauer und meinen, dass diese Rebsorte von Slawen in Friaul angebaut worden sei. Diese brachten sie aus dem Osten mit, ihr Name ging auf die Traube über. So ist es möglich, dass der Trollinger gar nicht aus Südtirol stammt, sondern aus dem Osten und erst über seine italienische Entwicklung zu uns gelangte. Wie auch immer – für alte Schwaben ist der Trollinger ihr Ein und Alles.

Heute findet man ihn oft mit Lemberger verschnitten. Dann bestellt man sich schlicht »a Viertele TL« – Trollinger mit Lemberger eben. 2/3 Trollinger und 1/3 Lemberger, im selben Keller ausgebaut.

Der Lemberger ist eine der besten Rotweinsorten Württembergs. Der Legende nach soll sie ein Graf von Neipperg im 18. Jahrhundert eingeführt haben.

1853 wird er in Württemberg erstmalig in einem Protokoll erwähnt. Er stammt aus Österreich, wo er in Niederösterreich als »Blaufränkischer« bekannt ist. Nach Württemberg kam der Lemberger als Setzling – bezogen von der Familie Schlumberger aus Vöslau bei Baden (Österreich). Der Witz an der Geschichte ist: Die Familie Schlumberger stammt aus Württemberg und besitzt heute noch in Vöslau ein Weingut und eine Rebschule. Da schließt sich der Kreis wieder. So kamen die Setzlinge über die Familienbande nach Württemberg. Nur, warum er Lemberger genannt wurde, im Kraichgau Limberger, das weiß bis heute niemand.

Auch wenn Württemberg als das klassische Rotweinland gilt – die meist angebaute Traube ist der Riesling. Dieser wurde in Württemberg allerdings erst im 19. Jahrhundert heimisch. Die erste Erwähnung des Rieslings stammt aus dem 15. Jahrhundert am Rhein. In Trier an der Mosel ist er seit Anfang des 16. Jahrhunderts verbürgt. In Württemberg taucht sein Name erstmals in einer Bestellung des Mergentheimer Spitals 1571 auf. Doch noch im 18. Jahrhundert spielte er keine Rolle. Der Grund war einfach: Von der durch die Obrigkeit festgesetzte Zeit des Ernteanfangs waren alle Sorten betroffen. Der Riesling aber reift spät aus und erst, als dies erkannt und der Erntezeitpunkt freigegeben wurde, bekam der Riesling seine Chance. Die nutzte er – was die zahlreiche Prämierungen des württembergischen Rieslings beweisen.

Natürlich gibt es noch viel mehr verschiedene Reben in Württemberg. Auf die neuen komme ich in einem anderen Artikel zu sprechen.

»Do isch's voll! M'r ganget wieder«

[do iʃs vol! Mɐ ganged wɛdɐ]

Im schwäbischen Wirtshaus

Oh Jerum!«, rief an einem Sonntagnachmittag die Wirtin eines schwäbischen Gasthofes auf der Alb, »Jetzt kommet vier Stuargetter ond I' han blos drei Tisch' frei.« Das Verhalten des eintretenden Gastes ist dann auch tatsächlich entsprechend. An jedem Tisch in der Gaststube sitzt einer allein und blickt in sein Viertelesglas. Der schwäbische Gast dreht um, geht zu seinem Wagen und sagt zu seiner Frau: »Da isch' voll. M'r miaset woanders sucha.« Denn die Idee, sich an einen Tisch zu setzen, an dem schon einer sitzt, kommt dem Schwaben nicht. Denn da müsste er sich ja unterhalten – mit einem Fremden – und dann sogar etwas von sich geben, persönliche Dinge gar. Kommt nicht in Frage!

Die schwäbische Mentalität erfuhr in der Zeit der Reformation und in der Zeit danach, also im Zeitalter des orthodoxen Luthertums und des Pietismus, eine grundlegende Umwandlung. Galten die Schwaben noch in den Zeiten der Staufer und bis in die Reformation hinein als das lebenslustigste Volk in Deutschland (kein Witz!), so wurde dies danach alles anders.

Alles fußte auf einer einfachen reformatorischen Erkenntnis: Das, was am Sonntag von der evangelischen Kanzel verkündet wurde – da der Christ allein aus Gnade errettet, also geheiligt wird, soll er auch am Werktag ein geheiligtes Leben führen –, wurde von der Obrigkeit, die sich für die Lebensgestaltung zuständig sah, nun auch in Gesetze für das tägliche Leben umgesetzt.

Bordelle wurden geschlossen. Gastwirtschaften mit strengen Öffnungszeiten versehen. Der Tanzboden wurde nur zu bestimmten Zeiten geöffnet. Weinkonsum und Essen wurden geregelt. Den Hochzeitern wurde vorgeschrieben, wie viele Personen eingeladen werden durften, was es zu essen gab und wie lange getanzt werden durfte. Kleidungsvorschriften wurden erlassen. Per Gesetz wurde alles geregelt.

Da sich niemand daran hielt, wurden Strafen erlassen und die Ortspolizei darauf angesetzt. Nur gab es nicht so viele Polizisten, die darauf achteten. Doch da hatten die Herzöge 1612 und dann nochmals verschärft 1642 eine geniale Idee. Da mag sich in der Alten Kanzlei in Stuttgart – das war damals der Regierungssitz – folgende fiktive Unterhaltung abgespielt haben:

»Das Volk soll sich Evangeliums gemäß verhalten«, sagte der Herzog, »wir erlassen Ordnungen, die das tägliche Leben regeln.«

»Eure Durchlaucht! Das Volk wird sich nicht daran halten!«

»Dann müssen wir es überwachen«

»Eure Durchlaucht! Wir haben gar nicht so viele Gendarmen (Polizisten). Und noch mehr einzustellen, erlaubt der Staatshaushalt nicht.«

»Dann sollen eben die Nachbarn aufpassen und jeden melden, der sich nicht an die Gesetze hält.«

»Eure Durchlaucht! Das werden die Nachbarn niemals tun! Und zwingen können wir sie nicht«

»Dann kaufen wir sie eben!«

Und so geschah es: Württemberg führte Anfangs des 17. Jahrhundert den »Kirchenkonvent« ein. Der galt bis in die 80er Jahre des 19. Jahrhunderts.

Das System war ebenso genial wie einfach und wirksam. In jeder Gemeinde war ein Kirchenkonvent einzurichten. Der bestand aus Pfarrer, Schultheiß, den Honoratioren (Arzt, Apotheker und zwei bis vier gewählten Personen, die das Amt eigentlich scheuen wie der Teufel das Weihwasser, denn es machte sie automatisch mehr als unbeliebt). Dem Kirchenkonvent wurde die »Kleine Gerichtsbarkeit« überlassen. Sie mussten alles regeln, außer in Kriminalfällen, die dem Oberamt zu melden waren. Einmal im Monat wurde getagt, im Anschluss an den Gottesdienst. Über jede Sitzung war Protokoll zu führen – bis heute ein Quell der Freude für Historiker und Volkskundler.

Der Kirchenkonvent sprach Geldstrafen aus. Wer sie – bedauerlicherweise – nicht bezahlen konnte, wanderte für ein paar Tage und Nächte ins Feuerwehrhäusle, wo ein Arrestraum eingerichtet war.

Doch alle waren an Bargeld interessiert. Der Grund war einfach. Das System funktionierte deshalb genial, weil der Denunziant als Belohnung ein Drittel der jeweiligen Strafsumme erhielt. Den Nachbarn zu beobachten und anzuzeigen, lohnte sich.

Das veränderte die Situation in Schwaben über Jahrhunderte – und damit auch die schwäbische Mentalität. Nun wurde genau beobachtet. Nichts blieb verborgen. Das kann man heute noch beobachten: Man spaziere nur an einem Sonntagnachmittag über die Hauptstraße eines schwäbischen Dorfes. Kein Mensch ist zu sehen, alles Leben scheint erloschen. Doch bei genauerem Hinsehen kann man, selbst bei absoluter Windstille, manche Gardine hinter den Fenstern sich bewegen sehen. Wer glaubt, in Schwaben unbeobachtet zu sein, unterliegt einem gefährlichen Irrtum.

Der Erfolg war durchschlagend. Die Schwaben verstummten. »I' denk mir mei Sach!«, sagten sie sich. Tränen liefen nun im Inneren. Nur ja keine Gefühle zeigen. Gespräche mit Fremden wurden ganz eingestellt. Jeder war verdächtig, jeder beobachtet, jeder unter Kontrolle. Also nichts nach außen zeigen.

Die Häuser wurden geschlossen. Die Wäsche auf der Leine kontrolliert, bevor man sie hinaushängte. Der Nachbar hätte ja unter Umständen etwas zu beanstanden gehabt. Farben waren verboten. Für Frauen gab es nur drei Farben: schwarz, weiß und grau. Alles andere hätte eine Anzeige eingebracht – und angezeigt wurde immer. War das ledige Töchterchen in anderen Umständen, sie wurde angezeigt. Trank der Vater am Sonntagabend in der »Boiz« (Gasthaus) einen zu viel und lärmte auf der Straße – Anzeige. Wurde ein Geburtstag zu heftig gefeiert – Anzeige. War der Leichenschmaus zu lustig und gab es mehr als Brezeln und Hefezopf – Anzeige. Kein Wunder also, dass Württemberg »das lutherisches Spanien« genannt wurde. Die Inquisition ließ grüßen.

Das ging dreihundert Jahre lang so und hat die Schwaben total verändert. Fast könnte man von einem »schwäbischen Gen« sprechen. Am helllichten Tag – wenn man eigentlich arbeiten könnte – in einem Cafe zu sitzen, ist unvorstellbar. Erst in den letzten dreißig Jahren hat sich das verändert – zumindest in den Städten. Auf dem Land fällt das immer noch schwer.

Kein Wunder also, dass ein Lokal »voll« ist, wenn an jedem Tisch einer sitzt. Und sich der Sitzende und die Dazukommenden schwer damit tun, einen Tisch zu teilen.

Ein zugezogener Norddeutscher kommt in eine schwäbische Wirtschaft. An jedem Tisch sitzt einer. Also eigentlich voll besetzt. Das kümmert ihn aber nicht und er fragt einen, ob hier noch ein Platz frei sei. Der brummt etwas Unverständliches, der Norddeutsche setzt sich und versucht, ein Gespräch zu beginnen. Er sei neu hier, ob er ihm etwas empfehlen könne. Ein weiteres unverständliches Gebrumm ist die Antwort. Der will offensichtlich seine Ruhe haben. Der neue Gast versucht dennoch, ihn in ein Gespräch zu verwickeln: »Sagen Sie mal, was essen Sie da? Ein Linsengericht? Und was sollen da die Nudeln?« Gebrumm. »Und was trinken Sie da? Sicher einen Rosé? Bei der hellroten Farbe.« Gebrumm. »Ich bin neu hier! Können Sie mir einen Tipp geben, was es denn Besonderes in der Gegend gibt?« Gebrumm.

Da öffnet sich die Tür. Zwei freundliche Menschen in Rot-Kreuz-Uniform kommen herein und halten den beiden eine Sammelbüchse für das Rote Kreuz unter die Nase. Der Norddeutsche zieht seinen Geldbeutel und stopft einen 10 Euro Schein in den Schlitz. Nun halten die Rotkreuzler die Büchse dem Schwaben unter die Nase. Der schaut kurz auf, schüttelt den Kopf, zeigt auf den Norddeutschen und sagt: »M'r g'höret zamma.«

»Da migg' i, weil do hot mei Vaddr' scho g'miggt ...«

[da: migi vail do: hod mai fadə ʃo gmigd]

Es geht aber auch anders mit den württembergischen Weinen

»Miggen« ist schwäbisch für »bremsen«. So beschreibt ein alter Spruch die schwäbische Mentalität: »Da migg' i, weil da hot mei Vaddr´ scho g'miggt, ond vor ihm sei Vaddr' ... ond wenn's d'r Berg nufg'hot!« So sind nicht nur Schwaben, so sind wohl alle Weinbauern. Mehr als konservativ.

Als in Württemberg unter König Wilhelm I. 1828 der Königliche Weinbauverband gegründet wurde, der einen verbesserten Weinbau und eine bessere Kellertechnik vorantreiben wollte, war kein einziger Wengerter mit dabei. 18 Millionen Schnittlinge und Wurzelreben hatte man aus dem Rheinland und aus Österreich geholt und an die Wengerter abgegeben – erfolglos. Das wurde erst ab 1892 anders – da traten die ersten Wengerter in die Nachfolgeorganisation ein –, die wirtschaftliche Not war existenzbedrohend geworden, also versuchte man etwas Neues. So konnte noch 1837 der württembergische Weinreformer Johann Philipp Bronner feststellen, dass die Wengerter »die geborene Opposition der Weinbauverbesserung« seien.

Heute ist das anders. Die Deutschen trinken im Schnitt 21 Liter Wein im Jahr, die Württemberger 35 Liter. 70 Prozent der Württemberger Weine sind Rotweine, trotzdem muss sehr viel Rotwein aus dem Ausland eingeführt werden, um die Nachfrage im Ländle zu decken. Das ist der Grund, warum so wenig württembergischer Wein nach außerhalb verkauft wird.

Trotzdem muss sich der Württemberger Wein mit den vielen Importen messen. Denn, was über die Supermarktketten aus Spanien, Italien, Frankreich und vermehrt sehr preisgünstig aus Chile, Australien und Südafrika kommt, »bildet« den Geschmack und damit die Nachfrage. Zudem sterben die »Viertelestrinker« aus – das schwäbische Glas mit Henkel ist nicht »cool« und so schmeckt auch der Wein »nach Opa«. Die Jugend geht andere Wege. Nur so ist es zu erklären, dass ein so künstliches Produkt wie Prosecco (auf schwäbisch: »Fassputzete mit Kohlensäure versetzt«) einen so »hippen« Charakter bekam und noch immer hat.

Anders gesagt: Man muss nicht jedem Trend nachlaufen, aber man muss wissen, was geht, muss zeigen, was man kann.

Experimente mit neuen Sorten sind das eine, neue Ausbautechniken das andere. Es braucht dazu noch neue Formen des Wirtschaftens und von Zusammenschlüssen. Und es braucht neue Ideen.

Was neue Sorten und neue Ausbautechniken angeht, ist nach wie vor die Staatliche Lehr- und Versuchsanstalt für Obst- und Weinbau in Weinsberg führend. Neue Formen des Wirtschaftens und der Zusammenschlüsse haben die Weinmanufaktur Untertürkheim und das Collegium Wirtemberg vorgemacht.

Nun kommen die jungen Wengerter und machen ihre Sache – damit sie in Deutschland verstanden werden, nennen sie sich »die jungen Winzer«. Das sind alles Mitglieder von Weingärtnergenossenschaften, die eine jeweils eigene Linie erzeugen und sich damit neue Märkte erschließen wollen. Einige seien hier vorgestellt (Stand 2011).

Vinitiative Lauffen

Sie sind zwischen 19 und 35 Jahre alt und haben sich einer schonenden und sorgfältigen Weinbearbeitung verschrieben. Schonende Handlese, Maischegärung in Holzbütten und 20 Monate Ruhe in kleinen Eichenfässern (Barrique, 225 Liter). Im Rotwein Cuvée 2008 der Vinitiative finden sich neun rote Rebsorten. Eine Flasche davon dürfte aber nicht unter 35 Euro zu haben sein.

Next Generation

14 junge Weingärtnerinnen und Weingärtner aus Fellbach machen einen Riesling »S«. 2008 haben sie begonnen, jedes Jahr soll es einen geben. Ab 2009 versuchen sie sich auch an einer Rotweincuvée aus Acolon, Lemberger und Spätburgunder. Der dürfte demnächst erhältlich sein. 7,30 Euro sollen alle Next Generation Weine kosten.

Vision Heuchelberg

Hier sind es 16 junge Vinologen, die sich 2009 zusammengeschlossen haben. Ihre Idee: Zeigen, was im guten, alten Trollinger stecken kann. Sie selektieren streng die Trauben, lassen sie auf der Maische vergären (nicht nach der Maischeerhitzung) und im Holzfass reifen. Dieser Wein soll für unter 10 Euro in den Handel kommen.

Junge Winzer

Neun sind es, zwischen 20 und 25 Jahre alt, die in Mundelsheim neue Wege einschlagen wollen. Auch hier geht es um Rotweine. 1600 Flaschen haben sie von ihrem 2009er im Barriquefass aus schwäbischer Eiche ausgebaut und bringen sie nun unter dem Namen »UNICUS Lemberger« zum ersten Mal auf den Markt. Der Wein dürfte rund 30 Euro kosten.

Das sind alles junge Leute aus bestehenden Weingärtnergenossenschaften. Doch schon vorher gab es besondere Zusammenschlüsse.

Junges Schwaben

Die fünf jungen Männer, die sich im Frühjahr 2001 trafen, dürften die ersten in Württemberg gewesen sein, die sich als junge Weingärtner zusammentaten, um Neues zu erproben. Einerseits gemeinsam, andererseits jeder für sich, kamen sie doch aus unterschiedlichen Städten: Heilbronn, Löwenstein, Pfaffenhofen, Weinstadt und Kernen. Sie setzten von Anfang an auf ausgewählte Trauben und lange Verarbeitungszeiten. Wein braucht Zeit – und die nahmen sich die Jungen. Die Flaschen kosten einheitlich 22 Euro.

Der Trollinger

Sieben Schwäbinnen haben sich daran gemacht, ihre Vorstellungen vom Trollinger in Weinberg und Keller umzusetzen. Von einer Künstlerin wurde das Etikett gestaltet. Jedenfalls gehören alle sieben der Winzerinnengruppe »Verissima« an, die 2001 in Baden gegründet wurde und seither in allen Weinbauregionen Deutschlands ihre Regionalgruppen ausbildet. Ein Paket mit den sieben Weinen der sieben Schwäbinnen gibt es für 55 Euro.

So wird weiter experimentiert und weitere junge Weingärtnerinnen und Weingärtner werden folgen.

So wird der Württemberger Wein Zukunft haben.

Warum die Schwaben ihren Wein selbst trinken? Weil sie mehr Wein trinken als in Schwaben angebaut wird. Und weil sie sind wie ihre Weine – bodenständig oder, wie die jungen Weingärtnerinnen und Weingärtner sagen würden, »regionaltypisch«. Dazu gehört auch, über den Tellerrand zu schauen, sehen, was die anderen machen, nicht nur davon überzeugt sein das ebenfalls zu können, sondern dies auch zu zeigen. Die Schwaben machen das im Maschinenbau, im Tüfteln, Erfinden, Sinnieren, Philosophieren, Dichten – und bei ihren Weinen eben auch. Da wird nicht »g'miggt«!

Und vor allem behalten sie dabei das Ganze immer im Auge. So gilt immer noch, was der erste Bundespräsident Theodor Heuss – er kam aus Brackenheim und ließ sich seinen »Brackenheimer Zweifelsberg« Lemberger regelmäßig ins Schloss Bellevue, seinen zweiten Amtssitz in Berlin, liefern – immer wieder sagte, na ja, eigentlich mehr brummte: »Wer Wein trinkt, betet! Wer Wein säuft, sündigt!«

»Jetzt ka' i' nemma!«

[jɛtst kɐ i: nəmɐ]

Neues aus dem schwäbischen Weinberg

Hoffnungslos überfordert steht der aufgeschlossene schwäbische »Viertelesschlotzer« vor dem gut sortierten Weinregal mit einheimischen Produkten einer württembergischen Weinhandlung: Stehen da doch Flaschen mit Rivaner, Justinuns K., Acolon, Regent oder Cabernet Dorio vor ihm und er kommt sich vor wie in der Fremde. Offensichtlich und deutlich sichtbar hat sich doch einiges im schwäbischen Weinberg getan. Und er weiß nichts damit anzufangen. Zwar hat er immer mal wieder in den Zeitungen gelesen, dass es immer mehr württembergische Weine in die europäische Spitzen geschafft haben, hat auch entfernt mitbekommen, dass dieser und jener Wengerter internationale Auszeichnungen erhalten hat, dass altbekannte Weingärtnergenossenschaften fusioniert und/oder sich umbenannt haben, aber jetzt, so direkt vor dem Weinregal, ist er doch etwas überfordert. Natürlich könnte er jetzt jemanden fragen, aber sein Stolz verbietet ihm das, schließlich ist der Schwabe an sich schon ein Weinkenner und Nachfragen liegt ihm schon vom Naturell her nicht. Ratlosigkeit macht sich breit.

In der Tat hat sich viel im schwäbischen Wengert und im Weinkeller getan. Und immer häufiger spielen die schwäbischen Kellermeister im europäischen und internationalen Wettbewerb mit. Die Globalisierung hat auch die heimischen Reben und ihren Ausbau erreicht.

Bei allem Stolz auf das »Schaffen« und das »oigne G'wächs«, die Schwaben haben den Weinbau nicht erfunden. Obwohl sie bis heute stolz auf ihr »oiges G'wächs« sind und in der deutschen Weintrinker-Statistik die Spitze bilden. Es waren die Römer, die den Weinbau nach Schwaben und anderswo brachten und kultivierten. Denn die römischen Besatzungstruppen brauchten täglich Wein. Der wurde zunächst in eingedickter Form aus Italien eingeführt. Je länger aber die Besatzungszeit in Germanien dauerte, umso mehr mussten die römischen Gutshöfe auch die Weinversorgung in Germanien übernehmen. Über 800 dieser Gutshöfe – villae rusticae – haben die Archäologen in Württemberg gezählt und alle hatten sie einen Weinkeller. Vermutlich haben die Alemannen, als sie anfingen, die

Römer zu vertreiben, römische Weinorte wie Walheim relativ verschont. Denn dort lässt sich ein kontinuierlicher Weinanbau nachweisen.

Die ersten urkundlichen Erwähnungen finden wir in Verträgen der Klöster aus der Zeit der Christianisierung. Die Klöster brauchten den Wein nicht nur zum Abendmahl in ihren Gottesdiensten. Auch als Arznei wurde der Wein in zahlreichen Würzmischungen benutzt. Wein wurde auch an den ersten Höfen der Sippenführer ausgeschenkt. Dies geschah nicht nur aus repräsentativen Zwecken, um den eigenen Wohlstand und auch die eigene Macht zu zeigen. Es hatte auch hygienische Gründe, denn im Sommer wimmelte das Trinkwasser nur so von »Tierchen«, so dass der tägliche Tischwein einfach gesünder war.

Das alles waren ziemlich einfache Weine. Erst die Zisterzienser brachten einen Kulturschub. Mit ihrem Wissen aus dem Burgund veredelten sie die schwäbischen Weine. Seitdem haben die schwäbischen Wengerter an der Veredelung gearbeitet.

Die Traditionsweine

Der Riesling ist eine sehr alte Traube und gilt neben dem französischen Chardonnay als *die* Weißweintraube in der Welt. Er ist der deutsche Beitrag zum Weltweinerbe und wird in anderen Ländern entsprechend angebaut und gewürdigt. Die württembergischen Rieslinge gelten als besonders schwer und erdverbunden – dafür haben sie auch einen eigenen mineralischen Geschmack. Von dem internationalen Weinexperten Stuart Pigott wurde er in der Frankfurter Allgemeinen Sonntagszeitung als »breiter, fader Typ« bezeichnet. Doch seit wenigen Jahren tut sich etwas in den schwäbischen Rieslingkellern, und das ist inzwischen auch den internationalen Weinexperten aufgefallen. Vor allem die Wengertergruppe »Junge Schwaben« hat sowohl im letzten wie auch in diesem Jahr mit ihren Gewächsen große Aufmerksamkeit erregt. So haben in diesem Jahr die rassigen und saftigen Rieslinge von Tanja und Jürgen Zipf aus Löwenstein sowie von Hermann Dippon vom Schlossgut Hohenbeilstein für ihre 2007er bereits die ersten Lorbeeren eingeheimst. Die anderen »Jungen Schwaben« werden sicherlich folgen.

Gekreuzt mit der Muttertraube Trollinger haben die Weinsberger 1929 in ihrer Außenstelle Lauffen am Neckar aus dem Riesling den Kerner geschaffen. Und die Wengerter haben ihn zu einem »babbsüßen« Massenträger verkommen lassen, was seinen Ruf schlichtweg ruiniert hat. Doch gerade die Weinsberger, zusammen mit anderen renommierten Weingütern wie der Rotenberger Weingärtnergenossenschaft, haben sich seiner in den letzten Jahren angenommen. Unter anderem stark beschnitten und unter Kühlung gegärt, kommt er nun in der Serie »Justinus K« neu auf den Markt und überrascht Freund und Feind durch seine Struktur, Säure und Finesse. Und auf einmal zeigt der Kerner damit seine wahre Größe. Auch international fasst er so langsam Fuß. Ihn gibt es bereits im nördlichen Teil Südtirols (im Eisacktal um Brixen), in der Schweiz und in Südafrika.

Ähnliches ist dem Müller-Thurgau und dem Ruländer widerfahren. Der Müller-Thurgau geht auf seinen Züchter, Professor Hermann Müller aus dem schweizerischen Thurgau zurück, der ihn 1882 entwickelte. In der Schweiz – der Prophet gilt bekanntlich in seinem eigenen Lande nichts – wird er als »Riesling x Silvaner« angebaut und vermarktet. Die Wengerter haben ihn anfangs geliebt, weil er selbst unter schlechten Wetterbedingungen noch gute Ernten versprach. So wurde er neben dem Riesling die häufigste Rebsorte in Deutschland. Neueste Untersuchungen haben ergeben, dass er in Wirklichkeit eine Kreuzung aus Riesling x Gutedel ist, genauer aus Madeleine Royal (aus der Familie des Chasselas/Gutedel) als Vater und Riesling als Mutter. Und dass man ihn anders ausbauen kann. Wenn man den Massenträger stark beschneidet, sorgfältig auswählt, kontrolliert gekühlt keltert – dann wird das ein feiner und rassiger Wein, der heute unter dem Namen Rivaner immer mehr Liebhaber findet, die nie einen Müller-Thurgau angerührt hätten. Der Wein ist aufgrund seiner geringen Säure mild und dennoch fruchtig. Also ideal für alle Genießer, die bei Weißweinen ansonsten mit zu viel Magensäure kämpfen müssen. Allerdings sollten die Weine alle jung getrunken und nicht länger als ein bis zwei Jahre gelagert werden, da sonst der Muskatton verloren geht.

Dem fetten Ruländer ging es ähnlich. Eigentlich ist er eine Mutation aus dem Spätburgunder. Er ergibt bei spätem Reifegrad und Erntezeitpunkt gehaltvolle und ölige Weine. Kein Wunder, seine Trauben sind oft edelfaul. Er entstammt derselben Familie wie der französische Pinot Gris oder der italienischen Pinot Grigio. Wenn man ihn aber früher erntet – nachdem man ihn früh reduziert und ausgeschnitten hat – und wie den Rivaner keltert, dann erhält er eine Frische, die einen aufhorchen lässt. So ausgebaut, wird er als Grauburgunder vermarktet und findet ständig neue Freunde. Auch er hat weniger Säure und ist für »alte Knaben« daher gut verträglich.

Auch bei den Roten tut sich was

Schon klassisch ist der Dornfelder. Vom Chef der Weinsberger, August Herold, 1955 gezüchtet, ist er eine Kreuzung aus (Frühburgunder x Trollinger) x (Portugieser x Lemberger). Also eine Kreuzung aus Helfensteiner und Heroldrebe. Benannt wurde die Sorte nach dem Kameralverwalter Immanuel Dornfeld, dem Gründer der Weinsberger Weinbauschule. Ursprünglich als Deckwein gezüchtet, um dem ziegelroten Trollinger einen Schuss Farbe zu verpassen, entwickelt er ein eigenes Aroma, wenn man ihn modern ausbaut und im Eichenholzfass – bevorzugt im kleinen Barrique-Fass mit 228 Liter Fassungsvermögen – wie einen Burgunder reifen lässt. Da entwickelt der Dornfelder neben seiner Farbe auch noch Geschmack und findet so viele Fans, dass man schon fast von einem Modewein sprechen kann.

Schon mehr als ein Geheimtipp ist der rote Acolon. Die Staatliche Lehr- und Versuchsanstalt für Wein- und Obstbau in Weinsberg hat ihn aus Lemberger x Dornfelder gezüchtet und 1971 eine Zulassung als Neuzüchtung bekommen. Allerdings bekam er erst 2002 vom Bundessortenamt die allgemeine Zulassung und den Sortenschutz als Neuzüchtung. Er ist eine früh reifende Sorte, sehr farbintensiv und mit gutem Gerbstoffgehalt. Kein Wunder, dass er immer mehr angebaut wird – sogar in Rheinhessen und in Franken. In Württemberg findet er bereits reißenden Absatz, die Weine sind sehr schnell ausverkauft. Entsprechend schnell wachsen in Deutschland die Anbauflächen für Acolon.

Die Weinsberger haben aber auch noch andere Züchtungen sozusagen zur Serienreife entwickelt, die immer mehr angebaut werden. So haben sie 1970 den Cabernet Cubin geschaffen, eine Kreuzung aus Blauer Limberger x Cabernet-Sauvignon, die 1999 die Zulassung und den Sortenschutz vom deutschen Bundessortenamt erhalten hat und seither angebaut werden darf. Dabei handelt es sich um eine spät reifende, gegen Trockenheit und Pilzbefall robuste Traube, die zugleich sehr ertragreich ist – da lachen das Herz und der Geldbeutel des schwäbischen Wengerter. Endlich eine Traube, die genügsam ist, kaum gespritzt werden muss und zugleich ordentlich ergiebig ist. Ein echter Schwabe also. Und dabei noch fruchtig, farbintensiv und tanninstark. Kurz: Man kann ihn ins Holzfass legen und sich dann überraschen lassen. Allerdings eignet er sich auch vorzüglich als Bestandteil einer Cuvée und so darf man sich auch hier überraschen lassen, was die Kellermeister aus ihm und anderen Weinen machen. Diese Cuvées erfahren übrigens ebenfalls immer mehr internationale Anerkennung.

Anders gesagt: Es gibt heute Cuvées aus Schwaben, die in einer Blindverkostung die Weinzähne nie und nimmer auf die Idee kommen lassen, dass sie es mit einem waschechten Württemberger zu tun haben.

Etwas leichter ist die Neuzüchtung Cabernet-Dorio, eine Züchtung aus Dornfelder x Cabernet-Sauvignon und ebenfalls aus Weinsberg. 1971 entwickelt und seit 2003 offiziell im Weinberg zugelassen. Dieser Wein ist feinfruchtig und samtig bei mittlerem Extraktgehalt. Der könnte auch noch ein schwäbischer »Renner« werden. Gerade der Cabernet Dorio gilt als Wein mit großer Zukunft.

Genauso wie der ebenfalls 1971 aus der Kreuzung Dornfelder x Cabernet-Sauvignon entwickelte Cabernet Dorsa, der aber anders gezogen wird. Vom Aussehen her ähnelt er dem Dornfelder, hat aber eine geringere Wüchsigkeit, bessere Holzreife und kleinbeerige, spät reifende Trauben. Am Gaumen entwickelt er einen Kirschgeschmack und auch den für den Cabernet Sauvignon typischen Geschmack nach grüner Paprika. »Die qualitativ hochwertigen, dichten und nachhaltigen Weine haben internationalen Charakter mit besserer Klimaanpassung an deutsche Verhältnisse. Die Cabernet- bzw. Merlotart ist spürbar, aber nicht aufdringlich. Dabei nehmen die Weine eine angenehme Zwischenstellung zwischen fruchtigem ´deutschen Typ´ und gerbstoffbetontem ´internationalen Typ´ ein«, lobt ihn das hessische Winzerhandbuch. Wegen der schleichenden Klimaverschiebung also ein hochinteressanter Kandidat.

Bei Öko-Wengertern immer beliebter wird der Regent. Hier wurde eine Kreuzung aus Silvaner x Müller-Thurgau (Diana) noch mal mit der französischen Rebsorte Chambourcin gekreuzt und heraus kam ein pilz- und reblausresistenter Weinstock, der kaum gespritzt werden muss; mit Trauben, die tiefrot sind sowie kräftig und gerbstoffreich schmecken – also gut im Holzfass ausgebaut werden können. Der Regent erhielt erst

1996 seine Sortenzulassung. Zunächst versprachen sich die Züchter eine völlig pilzresistente Rebsorte. Nach den ersten Erfahrungen im normalen Weinbau konnte er diesem Anspruch aber nicht gerecht werden. In der Praxis kommt auch er nicht ganz ohne Spritzungen mit Rebschutzmitteln aus. So wird er in der Zwischenzeit als »pilzwiderstandsfähig« (PiWi) eingestuft. Im Prinzip schmeckt er ein bisschen wie Merlot, wenn er auch seine Herkunft als Hybridrebe nicht verleugnen kann, und liefert farbintensive und kräftige Rotweine. Kein Wunder, dass er bereits weltweit angebaut wird.

So bekommen die traditionellen schwäbischen Rotweinsorten Trollinger und Lemberger Konkurrenz. Die alten Sorten werden es mit Gelassenheit ertragen, bleiben ihnen doch die traditionellen »Viertelesschlotzer« hoffentlich noch lange erhalten.

»Globalisierung« heißt hier nicht nur Anpassung an den Geschmack der Zeitgenossen und Erschließung neuer Märkte. Man muss sich auch dem internationalen Wettbewerb stellen. Damit haben die Württemberger gerade erst angefangen. Dazu gehört auch der neue deutsche Streit um die Lagenbezeichnungen auf deutschen Etiketten. Denn der heutige Verbraucher kann mit Groß- und Einzellagen nichts mehr anfangen – falls er das je konnte. Der Trend geht hin zu den Namen der Erzeuger und maximal noch zu Weinsorten. Mehr interessiert den Verbraucher nicht. Insgesamt lehnt sich die Entwicklung an den Auswahlkriterien der französischen AOC Weinen an – AOC steht dabei für »Appellation d'Origine Controllée«. Dafür sind der Dorfname, seine herausgehobenen Einzellagen sowie der Erzeuger wichtig. Denn im selben Ort und von derselben Lage können, je nach Kellermeister, ganz unterschiedliche Weine entstehen. Schließlich spielen auch die Cuvées eine Rolle – also das, was der Kellermeister aus verschiedenen Traubensorten ausbaut. Hier genau entbrennt der Streit zwischen Traditionalisten und globalen Mitstreitern. Dieser Streit ist noch lange nicht entschieden.

Offen bleibt deshalb auch, welche der neuen Weinsorten sich durchsetzen wird. Für eine Antwort sind die neuen Weinsorten einfach noch zu jung, ihre Ausbaupotentiale noch nicht hinreichend erforscht und getestet. Es bleibt noch vieles offen.

Doch der Schritt in die richtige Richtung ist damit getan. Denn neben der Globalisierung bringt auch die Klimaveränderung eine völlig neue Zukunft. Und die ist erst recht offen. Auch für den Württemberger.

»En Schampus därfs au' mal sei ...«

[nʃambus dɛrfs au maːl zai]

Vom Prälatenhobby zur Weltmarke

Ach wie herrlich perlt die Blase, der Witwe Klicko in dem Glase.« Wilhelm Busch, ein Fan der Champagnermarke Veuve Clicquot, übersah, dass der gebürtige Heilbronner Georg Christian Kessler die Idee der Champagnerherstellung zurück nach Württemberg gebracht und in Esslingen die älteste Sektkellerei Deutschlands gegründet hatte.

Die württembergischen Versuche, Schaumwein aus Wein herzustellen, sind viel älter. 1766 berichtet der Prälat Balthasar Sprenger, Professor für Theologie und Hofprediger am evangelisch-theologischen Seminar in Maulbronn, seinem Herzog Carl Eugen, dass er Fortschritte beim Ausbau qualitativ ansprechender Weine mache. Zusammen mit dem Maulbronner Kloster- und Weinbergverwalter Johann Conrad Nast hatte er erfolgreiche Versuche mit Clevner- und Ruländertrauben vom Eilfingerberg angestellt. Dem Verschnitt der beiden Traubensorten unterzogen sie eine zweite Gärung und stellten einen Schaumwein her, über den sie dem Herzog berichteten: »Die Farbe war gleich dem ächten Champagner, wie Wasser und die Güte außerordentlich. Ein zuverlässiger Zeuge ist hiervon der Herzogliche Kirchenrath, Expeditionsrath Herr Johann Ulrich Eisenlohr von Stuttgard, auf dessen rühmliche Erlaubnieß diese Probe aus den hiesigen Closter-Weinbergen gemacht worden.« Das ist der erste überlieferte Hinweis auf Schaumweinherstellung in Deutschland.

Leider blieb der Erfolg aus. Die Historiker wissen nicht, wie der Herzog darauf reagierte. Auch dürfte der Anteil an explodierenden Flaschen so hoch gewesen sein, dass nur eine kleine Anzahl Flaschen den Keller verlassen haben dürfte. Eine große Verlustrechnung also. So ist das Experiment dann auch eingestellt worden. Denn die Flaschen mit den gewölbten Böden, die ihnen mehr Stabilität verleihen, waren noch nicht erfunden. Außerdem konnte man auch erst viel später dickere Flaschen herstellen. Erst ganze 50 Jahre danach war Georg Christian Kessler schließlich erfolgreich.

Dieser wurde 1787 in Heilbronn geboren. Sein Vater wollte aus ihm einen Silberschmied machen. Er aber begann eine Kaufmannslehre in einem Geschäft für Farben, Gewürze und Lederwaren. Bei einem Priester, der während der Französischen Revolution geflohen war, lernte er Französisch, und der verschaffte ihm auch eine Stellung in Mainz, das damals noch französisch war. Von dort wechselte er nach Reims ins Geschäft der »Witwe Klicko« – zu Veuve Clicquot-Fourneaux et Cie, wo er als Commis (Buchhalter) angestellt wurde. Madame Barbe-Nicole Clicquot-Ponsardin wurde seine Chefin. Der Champagner damals war trüb – die zugesetzte Hefe blieb in der Flasche. Doch Madame führte das Rüttelverfahren ein. Jede Flasche wurde sechs Wochen lang vorsichtig gerüttelt und dabei ein bisschen gedreht, bis sich der Trub am Korken abgesetzt hatte. Nach dem Öffnen der Flasche schießt die gesamte Hefe unter Druck aus der Flasche. Nun wird ein klein wenig gesüßter Wein zugesetzt – der liqueur d'expédition. Mit dem neuen Korken kam er dann nach etwa eineinhalb Jahren Lagerung auf den Markt. Dieser Champagner entsprach damit einem süßen Dessertwein – für den russischen Markt wurde er noch süßer gemacht –, der mit seiner Kohlensäure sehr kalt getrunken wurde. Kessler baute diesen Champagner der Marke in ganz Europa aus – insbesondere in Russland. Doch im Haus selber hatte er

einen Konkurrenten – Mathias Werle aus Wetzlar. Zwischen 1821 und 1823 kämpften die beiden um die Vormachtstellung: Kessler verlor. Gerüchte besagen, weil er sich nicht mit der Witwe einließ – doch Genaues weiß man bis heute nicht. Jedenfalls verließ Kessler 1825 das Haus Veuve Cliquot und zog nach Esslingen, wo er eine Spinnerei mit aufbaute – bald das fortschrittlichste Unternehmen in Württemberg. Die Firma warf so viel ab, dass Kessler daran ging, wieder seiner alten Leidenschaft für den Champagner nachzugehen. So gründete er am 1. Juli 1826 zusammen mit dem Oberjustizprokurator Heinrich August Georgii die Schaumweinfabrik G.C. Kessler & Co.

Kesslers Partner Georgii reiste durch die Weindörfer des Unterlandes, wo Schwarzer Clevner und Rieslinge gepflanzt wurden. Er war auf gute Qualität seines Grundweines aus, suchte nur die besten Trauben, ließ genau selektieren und legte so ein völlig neues Verhalten beim Weineinkauf in Württemberg an den Tag. Er wollte nicht Masse, sondern Klasse. Als die Wengerter merkten, dass er dies auch besser bezahlte und Jahr für Jahr wiederkam, vertrauten sie ihm und bauten ihre Reben besser aus. So entstand Druck auf die Qualität im 19. Jahrhundert. Die Wengerter konnten weniger erzeugen, bekamen aber mehr Geld und unterm Strich zahlte es sich für sie aus. So trug Kessler Entscheidendes zum Ausbau besserer Weine in Württemberg bei.

Man muss sich das mal vorstellen: 1826 füllte Kessler 8000 Flaschen ab, 4000 davon kamen in den Handel. Der Rest explodierte im Keller. Doch die Welt verlangte nach dem schäumenden Getränk. So wurden 1827 bereits 30 000 Flaschen abgefüllt. Und 1842, in Kesslers Todesjahr, waren es dann bereits 140 000 Flaschen.

Eigentlich hieß dieser Wein ja »vin mousseaux«, also »moussierender Wein«. Im Beamtendeutsch lautete sein Name: »Perlwein«. Erst in den 60er Jahren des 19. Jahrhunderts wurde auch außerhalb der Champagne der Name Champagner dafür gebräuchlich, was natürlich die Franzosen auf den Plan rief, die ihre Besonderheit schützen wollten. Was sie auch noch heute mit aller Gewalt tun – so dass es sogar zu einem Prozess vor dem Bundesgerichtshof wegen der ur-schwäbischen Birnensorte »Champagner Bratbirne« kam. 2002 wurde dann entschieden, dass die Birnensorte weiterhin so heißen – immerhin ist sie in Stuttgart schon seit 1760 bekannt -, aber nicht auf dem Etikett einer Flasche »hervorragend« genannt werden dürfe. So muss die Birne auf der Flasche also ins »Kleingedruckte«.

Schon früher hatten die Franzosen durchgesetzt, dass in Deutschland Schaumwein nicht Champagner genannt werden darf. In Deutschland war ohnehin schon der Name Sekt aufgekommen. Aber auch das hat seine Geschichte.

1825 war auf deutschen Theaterbühnen Shakespeare in Mode. Der Berliner Schauspieler Ludwig Devrient – eigentlich hieß er ja David Louis De Vrient, aber die Berliner scherten sich nicht drum und so »berlinisierte« er seinen Namen – wurde als Theatergenie in Shakespeare-Rollen berühmt. Nach seinen Auftritten ging er regelmäßig in die Weinstube Lutter & Wegner, in der auch die Journalisten und Theaterkritiker verkehrten, und trank grundsätzlich nur Champagner. Eines Abends, als er in Shakespeares »Die lustigen Weiber von Windsor« den

Falstaff gegeben hatte – mit riesigem Erfolg –, rief er im Saal dem Kellner zu: »Bringt mir Secc, Bube, ist keine Tugend mehr auf Erden!« Bei Shakespeare war das »Sack« – also Sherry, trockener Sherry. Der Kellner brachte natürlich Champagner. Die Journalisten nahmen das lachend auf und der deutsche Name »Sekt« war geboren – zunächst aber nur im Berliner Szenewort »Sect«. Aber nach der Reichsgründung 1870, nach der man sich in allem vom Französischen abwenden wollte, wurde durch die Berliner Zeitungen der Name Sekt bald im ganzen Reich bekannt. So konnte man sich vom französischen Champagner abgrenzen, so entstand der Sekt.

Noch ein Witz der deutschen Geschichte gehört auch dazu. 1912 führte Kaiser Wilhelm II., der für seine Deutschen »einen Platz an der Sonne« suchte und deshalb auf die Weltmeere drängte, die Sektsteuer ein. Sie sollte dazu dienen, die deutsche Kriegsmarine mitzufinanzieren. Die deutsche Kriegsmarine ging 1916 in der Seeschlacht im Skagerrak unter, der Rest weigerte sich, 1918 noch einmal auszulaufen, um einen sinnlosen Tod zu sterben, und löste so die Revolution aus – der Weltkrieg war vorbei, die Sektsteuer gibt es bis heute.

Heute sind die Deutschen – und nicht etwa die Franzosen – die Weltmeister im Sekttrinken. Sie bringen es auf einen Pro-Kopf-Verbrauch von fünf bis sechs Litern im Jahr, die Franzosen lediglich auf drei Liter. Kein Wunder also, dass junge schwäbische Weingärtner diese Tradition wieder aufgegriffen haben und eigene Winzersekte auf den Markt bringen – mit durchschlagendem Erfolg übrigens.

Der Protestant wird es mit gemischten Gefühlen lesen. Sogar ein Prälat stand an der Wiege – so ebbes. Aber so geht es eben zu in der gefallenen Welt. Seit der Vertreibung aus dem Paradies »isch halt älles nex me«.

»Wenn i' Moschd drenk, ben e' ganz bei mir selber..«

[vɛn i: moʃd drəng bɛn'ɐ gants bai mi:r zɛlbɐ]

Der Schwabe und sein Most

Moment mal! Das ist ein Buch über die Schwaben und ihren Wein. Genau! Und deshalb muss man über den Most sprechen. Denn die Schwaben tranken ihren Wein bis ins 19. Jahrhundert gar nicht selber. Sie konnten ihn sich nach dem Dreißigjährigen Krieg einfach nicht mehr leisten: Kelterbann und Abgaben, Schulden ohne Ende aus den vorhergegangenen Jahren und Ungewissheit darüber, was die Zukunft bringen sollte – der Wein war viel zu kostbar, um ihn selber zu trinken. Mit Ausnahme des »Semsakrebbslers«.

In Schwaben trank man Most. Damit ist nicht der süße Apfelsaft gemeint, der aus der Mostkelter kommt, sondern die vergorene Variante. Also das, was der Engländer Cider, der Franzose Cidre und der Hesse »Äppelwoi« nennt. Nur ist der schwäbische Most anders, gerbstoffreicher, trockener, also herber. Schwäbisch: »räß.«

Den gibt es dann zum Abendessen aus dem »Krügle«. Meist, verdünnt mit »Sprudel« oder »siaßem Sprudel«, als »Mostbowle«. Aber Vorsicht: Als reiner Most kann er locker 8 Prozent Alkohol haben. Und verdünnt mit »siaßem Sprudel« geht er leicht in den Blutkreislauf. Das musste schon mancher norddeutsche Student im »Bebenhäuser Hof« nahe Tübingen leidvoll erfahren. Im Übermaß unter den schattigen Bäumen des beliebten Ausflugslokals genossen, kam er anschließend den

Berg nach Tübingen nicht mehr hoch. Besonders dann, wenn ihm ein Schwabe vorher noch wegen Überheblichkeit und Arroganz – also wegen einer »groaßer Gosch aus dem großen Vadderland« (so wurden früher die Preußen wegen ihres Auftretens genannt) – heimlich etwas Traubenzucker in die Bowle geworfen hatte. Traubenzucker geht sofort ins Blut und der daran gebundene Alkohol gleich mit. Sozusagen eine »helenga« schwäbische Rache.

Ein guter Most stammt aus Äpfeln und Birnen von den Streuobstwiesen. Diese Früchte sind zum Verzehr ungeeignet, weil sie zu viel Gerbsäure enthalten. Aber für den Most sind sie ideal. Dabei kommt es auf das rechte Mischungsverhältnis an. Früher hatte jede Familie ihr eigenes, sorgsam gehütetes Mostrezept. Im Prinzip lief es aber immer auf ein Verhältnis von 1/3 Mostbirnen und 2/3 Mostäpfeln hinaus. Daraus wurde nach gemeinsamer Pressung der schwäbische Most.

Nach dem 2. Weltkrieg war dieses Getränk verpönt. Bier und Wein gehörten zum Wirtschaftswunder. Der Most war ein »Arme-Leute-Getränk«.

Aber Schwaben sind im Grunde ihres Wesens konservativ. Warum teuer für Bier und Wein bezahlen, wenn man noch die alten Obstbaumwiesen des Großvaters hat, die jedes Jahr kostenlos nicht essbares Obst liefern? So starb die private Mostherstellung nie aus.

Wenn man im Herbst alles selber erntet und in die überall vorhandenen Mostereien bringt, kann man den frischen Apfelsaft auch gleich wieder mit nach Hause nehmen – die Mostfässer des Großvaters sind ja noch im Keller. Das Wissen über die Gärung wurde von Generation zu Generation weitergegeben – bis heute. Den Saft kann man auch im eigenen Keller vergären lassen. Das tut der Schwabe denn auch. Auf das Spundloch wird ein Gärzapfen gesetzt, in dem dann die Blasen der Kohlensäure »blubbern« – der Most »schafft«. Das gefällt dem Schwaben schon mal ganz grundsätzlich. Und wenn es dann »pfuts'gete«, also sehr intensiv blubbert, dann geht dem Schwaben erst recht das Herz auf. Wenn nicht, dann hilft man eben mit Reinzuchthefe etwas nach.

Nach Weihnachten und Neujahr ist der Most fertig, dann kann er probiert werden. Erhebende Momente im Leben eines Schwaben, zumindest wenn der erste Abstich dann gut gewesen ist. Dann ist er mit sich und seiner Arbeit in der Streuobstwiese im Reinen – ein glückseliger Moment.

Wenn dann Richtung Herbst die Fässer noch nicht leer sind, wird der Most »abgezogen« und zu einem bekannten Brenner gebracht. Das gibt dann »Obstler«. Der Vorlauf beim Brennen wird auch nicht weggeschüttet, den kann man schließlich immer noch zum Einreiben »d`r Fiaß« verwenden. Und wenn es gar zu viel davon gibt, kommt er eben in den Spritzwassertank im Auto, so dass das Scheibenwischwasser im Winter nicht einfrieren kann. Praktisch schwäbisch eben – auch wenn es um das Auto herum dann riecht wie in einer Destille. Hauptsache, die Windschutzscheibe ist klar und, wie heißt es doch,

»verstonka isch no koiner«. Schwäbischer kann es nicht zugehen.

Heute erlebt der Most wieder eine Renaissance. Die Schwaben haben ihre alten Streuobstwiesen wiederentdeckt. »Mosttrinker sind Naturschützer«, hieß in den letzten Jahren die Devise, die sogar als Autoaufkleber bekannt wurde. So ist auch das alte Getränk wieder im Kommen.

»Nix verkomma lau!«, meint der Schwabe. Warum auch – die Jahrhunderte der Armut haben ihn geprägt, das sitzt tief, auch wenn er sich den Wein längst finanziell erlauben kann. Denn was schon immer gut war, schmeckt auch heute noch.

So isch's no au wieder.

Trinksprüche

O Blick voll Wohlbehagen!
Wenn Beer an Beere glänzt,
wenn wir zur Kelter tragen,
was Freuden uns kredenzt.
August Heinrich Hoffmann von Fallersleben

Trink Wein bis Deine Nase glänzt,
so hell wie ein Karfunkel,
damit Du eine Leuchte hast
in Deines Dasein Dunkel.

Oh wäre der Rheinfall
Statt Wasser- ein Weinfall!
Wie wäre das mein Fall.

Der Wein ist unter den Getränken das Nützlichste,
unter den Arzneien die Schmackhafteste,
unter den Nahrungsmitteln das Angenehmste.
Plutarch

Quält Dich ein Kummer,
drückt Dich ein Schmerz,
trinke vier Viertel,
leichter wird´s Herz.

Wer da trinket guten Wein,
dem schaut Gott ins Herz hinein.

Wer bei ons nix trenkt,
der isch bloß z'faul
zom Schlucka.
THEODOR HEUSS

Wein ist mein Trost.
Er macht,
das mir kein Geld verrost.

Und flösse von Sankt Gotthards Höh´
als Rheinwein-Strom der Rhein,
dann möcht ich wohl der Bodensee,
doch ohne Boden sein.

Traubenblut macht frohen Mut.

Schöne Frauen, kühler Wein,
Sang und Klang und lustig sein,
wäre das ein Orden,
wär ich Mönch geworden.

Und bleibt mir nichts im Leben
als eine einzge Geis,
soll ihr der Herrgott geben
zwei Zitzen prall und weiß.
Daraus fließt Saft der Reben
zu unsern Herren Preis,
links soll sie Rotwein geben
rechts Gewürztraminer weiß.

Siehst du Wein im Glase blinken,
lerne von mir deine Pflicht:
Trinken kannst du, du kannst trinken,
doch betrinke dich nur nicht.

GOTTHOLD EPHRAIM LESSING

Quellen

Zitate und Daten sind entnommen aus:

Im Kapitel: »Vom größten Vermögen des Landes«
Stuttgart und sein Wein, Gunter Link, Silberburg Verlag 1993

Im Kapitel: »Der jahrhundertelange Kampf gegen die Panscherei« und »Die Weingärtnergenossenschaften entstanden aus der Not«
Württemberger Wein, Carlheinz Gräter, DRW Verlag Weinbrenner, 1993

Im Kapitel: »Wie sich die Württemberger Spezialitäten ausbildeten«
Rebsorten in Württemberg, Christine Krämer, Jan Thorbecke Verlag 2006

**Werden Sie
mit Vergnügen**

»Die gute alte Zeit« im Ländle, die so gut gar nicht war, steht im Mittelpunkt diese Buches. Erzählt wird von Schwaben,
von ihrem Ruf als Tüftler, Spar- strümpfe und Eigenbrödler. Selbst eingefleischte Schwaben können von den amüsanten Episoden noch Neues über die Geschichte Württembergs lernen. Und Nicht-Schwaben werden ihre schwäbischen Nachbarn besser verstehen. Wertvoll sind die Informationen für alle.

Zum Selberlesen und Verschenken, die Freude ist garantiert.

ISBN 978-3-920207-12-4

www.verlag-eva.de

zum echten Schwabenkenner

In diesem Buch geht es um die oft falsch gedeuteten Eigenarten der Schwaben: Ihre oft scheinbare Distanz zu Fremden. Sie wirkt auf Zugereiste, Rei'geschmeckte, wie der Schwabe sie nennt, distanzierend oder abweisend. In der Tat dauert es lang, bis man mit Schwaben Freundschaft schließt.
Wenn sie aber gewachsen ist, hält sie wirklich ewig.
Dieser Band ist reich an Aha-Effekten und zeigt, wie man sich die Herzen der süddeutschen »Schaffer« dauerhaft erobern kann.
Wertvoll für Schwaben wie für Nichtschwaben.
Ein Geschenk, das Freude bringt und Freunde macht.

ISBN 978-3-920207-20-9

www.verlag-eva.de

Schwäbischer Hochgenuss

Wissen Sie, woher der Spitzname „Subbaschwoba" kommt und warum der Schwabe zu den „Nassessern" zählt? – Nein? – In diesem Buch lernen Sie die Herkunft und die Geheimnisse der schwäbischen Küche kennen. Als ursprüngliche „Arme-Leute-Küche" beherrscht sie die Kunst, aus einfachsten Zutaten wohlschmeckende und habhafte Gerichte zu kreieren. Die Liste der vorgestellten Leibgerichte und ihrer Geschichte ist lang. Dabei lernt man mehr als nur die Rezepte und ihre Geschichte kennen. Das Ritual des Essens als Gemeinschaftsmahl und seine religiöse Bedeutung werden ebenfalls erklärt.

Das Buch ist „ein Genuss für alle Feinschmecker und für Reingeschmeckte."

ISBN 978-3-920207-37-7

www.verlag-eva.de